★ ★ ★   ★ ★
서술형 문제로 개념 잡는
THE GRAMMAR SPY

진짜
초등 영문법 ②

예문사

구성과 특징

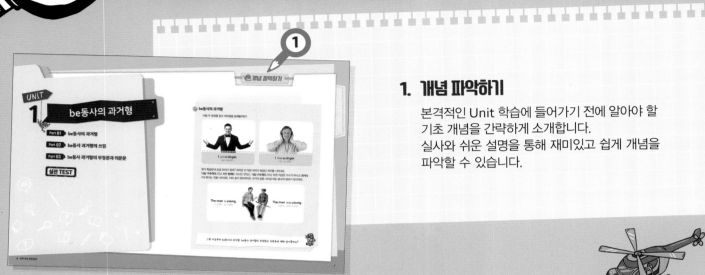

1. 개념 파악하기

본격적인 Unit 학습에 들어가기 전에 알아야 할 기초 개념을 간략하게 소개합니다.
실사와 쉬운 설명을 통해 재미있고 쉽게 개념을 파악할 수 있습니다.

2. 문법 개념 설명

문법의 규칙들을 도표화 하여 보다 빠르고 쉽게 개념을 이해할 수 있습니다.

3. Check

간단한 연습 문제를 통해 학습한 내용을 바로 확인합니다.

Workbook

각 Unit의 Part별 주요 규칙을 간단하게 정리를 하고, 주어진 단어를 문법에 맞도록 변형하여 문장을 완성하는 연습을 할 수 있습니다.

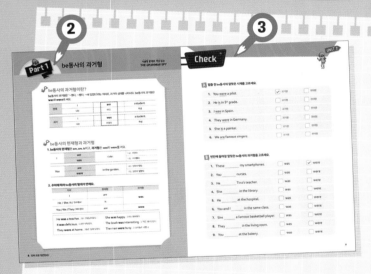

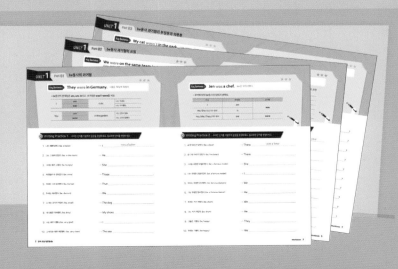

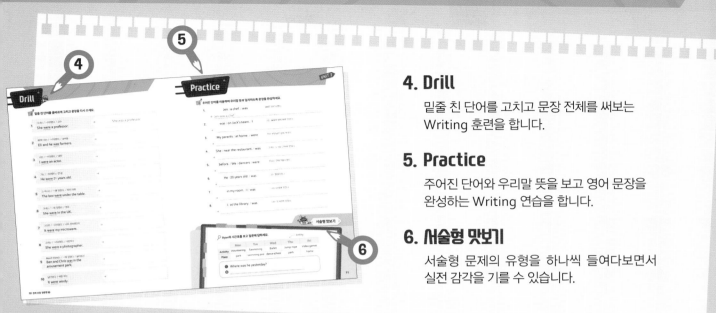

4. Drill

밑줄 친 단어를 고치고 문장 전체를 써보는
Writing 훈련을 합니다.

5. Practice

주어진 단어와 우리말 뜻을 보고 영어 문장을
완성하는 Writing 연습을 합니다.

6. 서술형 맛보기

서술형 문제의 유형을 하나씩 들여다보면서
실전 감각을 기를 수 있습니다.

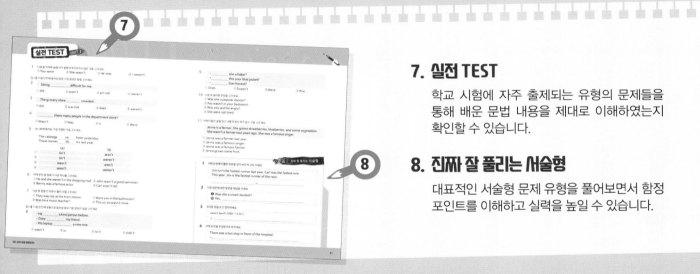

7. 실전 TEST

학교 시험에 자주 출제되는 유형의 문제들을
통해 배운 문법 내용을 제대로 이해하였는지
확인할 수 있습니다.

8. 진짜 잘 풀리는 서술형

대표적인 서술형 문제 유형을 풀어보면서 함정
포인트를 이해하고 실력을 높일 수 있습니다.

Wordbook

각 Unit별 30개의 주요 단어를 문장과 함께
제시하였고 2회분의 테스트도 수록하였습니다.

Contents

진짜 초등 영문법 ②
Advanced English Grammar Series

Syllabus

진짜 초등 영문법 ①
Advanced English Grammar Series

UNIT 1	명사	UNIT 5	비교급과 최상급
UNIT 2	대명사	UNIT 6	조동사
UNIT 3	be동사와 일반동사	UNIT 7	의문사
UNIT 4	형용사와 부사	UNIT 8	전치사

UNIT 1

be동사의 과거형

⭐ be동사의 과거형

다음 두 문장을 읽고 차이점을 말해볼까요?

I am a singer.
나는 가수이다.

I was a singer.
나는 가수였다.

뭔가 똑같은데 조금 차이가 있죠? 하지만 이 작은 차이가 엄청난 차이를 나타내요.
'나는 가수이다.'라고 하면 **현재**도 가수인 것이고, **'나는 가수였다.'**라고 하면 지금은 가수가 아니고 **과거**에 가수였다는 것을 나타내요. 이와 같이 영어에서도 과거의 일을 나타낼 때는 동사의 형태가 달라져요.

The man is young.
그 남자는 젊다. (현재)

The man was young.
그 남자는 젊었다. (과거)

그럼 지금부터 be동사의 과거형, be동사 과거형의 부정문과 의문문에 대해 알아볼까요?

be동사의 과거형

🔍 be동사의 과거형이란?

be동사의 과거형은 '~였다, ~했다, ~에 있었다'라는 의미로, 과거의 상태를 나타내요. be동사의 과거형은 **was**와 **were**로 써요.

현재	I	**am**	a student.
	나는	이다.	학생
과거	I	**was**	a student.
	나는	이었다.	학생

🔍 be동사의 현재형과 과거형

1. be동사의 현재형은 am, are, is이고, **과거형**은 was와 were를 써요.

I	**am**	cute.	나는 귀엽**다**.
	was		나는 귀여**웠다**.
You	**are**	in the garden.	너는 정원에 **있다**.
	were		너는 정원에 **있었다**.

2. 주어에 따라 be동사의 형태가 변해요.

주어	현재형	과거형
I	am	**was**
He / She / It / 단수명사	is	
You / We / They / 복수명사	are	**were**

He **was** a teacher. 그는 선생님이었다.   She **was** happy. 그녀는 행복했다.

It **was** delicious. 그것은 맛있었다.   The book **was** interesting. 그 책은 재미있었다.

They **were** at home. 그들은 집에 있었다.   The men **were** busy. 그 남자들은 바빴다.

Check

A 밑줄 친 be동사의 알맞은 시제를 고르세요.

1. You <u>were</u> a pilot.　　　　　　　　☑ 과거형　　　⬜ 현재형

2. He <u>is</u> in 5th grade.　　　　　　　⬜ 과거형　　　⬜ 현재형

3. I <u>was</u> in Spain.　　　　　　　　⬜ 과거형　　　⬜ 현재형

4. They <u>were</u> in Germany.　　　　　⬜ 과거형　　　⬜ 현재형

5. She <u>is</u> a painter.　　　　　　　　⬜ 과거형　　　⬜ 현재형

6. We <u>are</u> famous singers.　　　　　⬜ 과거형　　　⬜ 현재형

B 빈칸에 들어갈 알맞은 be동사의 과거형을 고르세요.

1. These _____ my smartphones.　　⬜ was　　☑ were

2. You _____ nurses.　　　　　　　⬜ was　　⬜ were

3. He _____ Tina's teacher.　　　　⬜ was　　⬜ were

4. She _____ in the library.　　　　⬜ was　　⬜ were

5. He _____ at the hospital.　　　　⬜ was　　⬜ were

6. You and I _____ in the same class.　⬜ was　　⬜ were

7. She _____ a famous basketball player.　⬜ was　　⬜ were

8. They _____ in the living room.　　⬜ was　　⬜ were

9. You _____ at the bakery.　　　　⬜ was　　⬜ were

Drill

✏️ 밑줄 친 단어를 올바르게 고치고 문장을 다시 쓰세요.

1 그녀는 / ~(이)였다. / 교수
She <u>were</u> a professor.
→ She was a professor.

2 Eli와 그는 / ~(이)였다. / 농부들
Eli and he <u>was</u> farmers.
→

3 나는 / ~(이)였다. / 배우
I <u>were</u> an actor.
→

4 그는 / ~(이)였다. / 21살
He <u>were</u> 21 years old.
→

5 그 박스는 / ~에 있었다. / 탁자 아래
The box <u>were</u> under the table.
→

6 그녀는 / ~에 있었다. / 영국
She <u>were</u> in the UK.
→

7 그것은 / ~(이)였다. / 나의 전자레인지
It <u>were</u> my microwave.
→

8 그녀는 / ~(이)였다. / 사진작가
She <u>were</u> a photographer.
→

9 Ben과 Chris는 / ~에 있었다. / 놀이동산
Ben and Chris <u>was</u> in the amusement park.
→

10 날이었다. / 바람 부는
It <u>were</u> windy.
→

Practice

✏️ 주어진 단어를 이용하여 우리말 뜻과 일치하도록 문장을 완성하세요.

1.   Jen / a chef. / was   Jen은 요리사였다.

   → Jen was a chef. _____

2.   was / on Jack's team. / I   나는 Jack의 팀에 속해 있었다.

   → _____

3.   My parents / at home. / were   우리 부모님은 집에 계셨다.

   → _____

4.   She / near the restaurant. / was   그녀는 그 식당 근처에 있었다.

   → _____

5.   before. / We / dancers / were   우리는 전에 무용수였다.

   → _____

6.   He / 20 years old. / was   그는 20살이었다.

   → _____

7.   in my room. / I / was   나는 내 방에 있었다.

   → _____

8.   I / at the library. / was   나는 도서관에 있었다.

   → _____

 서술형 맛보기

🔍 Ryan의 시간표를 보고 질문에 답하세요.

↙ today

	Mon	Tue	Wed	Thu	Fri
Activity	Volunteering	Swimming	Ballet	Jump rope	Video games
Place	park	swimming pool	dance school	park	home

Ⓠ Where was he yesterday?

Ⓐ _____

be동사의 의미

be동사의 과거형은 과거를 나타내는 말과 함께 써요. be동사 뒤에 오는 말에 따라 그 의미가 달라져요.

	were	hockey players	
We	이었다/였다.	하키 선수	then.
	were	on the same team	
우리는	있었다.	같은 팀에	그때

과거를 나타내는 표현과 be동사 과거형의 의미

1. 과거를 나타내는 표현

다음과 같은 표현들과 함께 문장 속에서 과거를 나타내요.

	yesterday.	그들은 **어제** 유럽에 있었다.
	last year.	그들은 **작년에** 유럽에 있었다.
They were in Europe	two years ago.	그들은 **2년 전에** 유럽에 있었다.
	before.	그들은 **전에** 유럽에 있었다.

2. be동사 과거형의 의미

be동사 과거형 뒤에 직업, 나이, 이름, 성별 등이 오면 '~이었다/였다', 장소나 소속 등이 오면 '~에 있었다'라는 의미가 돼요.

I was	a painter.	나는 화가**였다.**
He was	12 years old.	그는 12살**이었다.**
Her dog's name was	Max.	그녀의 개 이름은 Max**였다.**
She was	a cute girl.	그녀는 귀여운 소녀**였다.**
We were	in New York.	우리는 뉴욕**에 있었다.**
They were	in the same class.	그들은 같은 반**이었다.**

Check

A 밑줄 친 be동사의 알맞은 의미에 체크 하세요.

1. She <u>was</u> in China. ☐ ~였다 ☑ ~에 있었다

2. I <u>was</u> angry at you. ☐ ~였다 ☐ ~에 있었다

3. They <u>were</u> on the third floor. ☐ ~였다 ☐ ~에 있었다

4. I <u>was</u> 15 years old two years ago. ☐ ~였다 ☐ ~에 있었다

5. We <u>were</u> at the bus station. ☐ ~였다 ☐ ~에 있었다

6. They <u>were</u> in the kids soccer club. ☐ ~였다 ☐ ~에 있었다

B 빈칸에 들어갈 알맞은 말을 고르세요.

1. I was a high school student _____. ☐ now ☑ last year

2. We were in the famous band _____. ☐ a year later ☐ three years ago

3. Her cell phone was on the table _____. ☐ yesterday ☐ tomorrow

4. He was kind _____. ☐ before ☐ after

5. They were in the US _____. ☐ before ☐ now

6. I was with Mary and Tom _____. ☐ after ☐ an hour ago

7. She was a teacher _____. ☐ before ☐ a year later

8. He was in the library _____. ☐ now ☐ yesterday

9. We were in different classes _____. ☐ tomorrow ☐ last year

Drill

밑줄 친 단어를 올바르게 고치고 문장을 다시 쓰세요.

1 Kevin은 / ~이었다/였다. / 매우 친절한
Kevin <u>were</u> very friendly. → Kevin was very friendly.

2 나의 학급 친구들은 / ~에 있었다. / 파티 / 어제
My classmates <u>was</u> at the party yesterday. →

3 그녀는 / ~에 있었다. / 영화관 / 그녀의 친구들과
She <u>were</u> at the movie theater with her friends. →

4 그녀의 친구들은 / ~이었다/였다. / 정말 웃긴
Her friends <u>was</u> really funny. →

5 모든 학생들은 / ~이었다/였다. / 매우 친절한 / 나에게
All the students <u>was</u> very kind to me. →

6 Jen은 / ~에 있었다. / 병원
Jen <u>were</u> in the hospital. →

7 나는 / ~이었다/였다. / 매우 아픈 / 지난주에
I <u>were</u> very sick last week. →

8 그들은 / ~에 있었다. / 쇼핑몰
They <u>was</u> at the mall. →

9 그의 질문은 / ~이었다/였다. / 어려운
His question <u>were</u> difficult. →

10 Dan은 / ~이었다/였다. / 지루한
Dan <u>were</u> bored. →

Practice

✏️ 주어진 단어를 이용하여 우리말 뜻과 일치하도록 문장을 완성하세요.

1. were / My parents / very worried.   우리 부모님은 매우 걱정했다.

   → My parents were very worried.

2. The book / very interesting. / was   그 책은 매우 재미있었다.

   → _____

3. All the toys / quite cheap. / were   모든 장난감이 꽤 쌌다.

   → _____

4. a detective. / was / Noah   Noah는 탐정이었다.

   → _____

5. on the hill. / The house / was   그 집은 언덕 위에 있었다.

   → _____

6. was / very expensive. / Rick's toy   Rick의 장난감은 매우 비쌌다.

   → _____

7. on time. / The guests / were   손님들은 제시간에 도착했다.

   → _____

8. in front of the restaurant. / I / was   나는 그 식당 앞에 있었다.

   → _____

 서술형 맛보기

🔍 사진을 보고 빈칸에 들어갈 알맞은 말을 쓰세요.

two years ago   now

Her name is Jenna.

She was a musician _____.

She played the keyboard.

Now she is a brave soldier.

Part 3 be동사 과거형의 부정문과 의문문

서술형 문제로 개념 잡는
THE GRAMMAR SPY

🔍 be동사 과거형의 부정문과 의문문

부정문	I	**was not**	a student.
	나는	~(이)가 아니었다.	학생
의문문	**Were**	you	a firefighter?
	이었니/였니?	너는	소방관

🔍 be동사 과거형의 부정문과 의문문의 쓰임

1. be동사 과거형의 부정문
be동사 과거형 + not의 형태로 쓰고, '**~가 아니었다, ~하지 않았다, ~에 없었다**'라는 의미로 써요.

I	was	angry.	나는 화가 났다.
	was **not**		나는 화가 나**지 않았다**.
They	were	at home.	그들은 집에 있었다.
	were **not**		그들은 집에 **없었다**.

※ was not은 wasn't로, were not은 weren't로 줄여서 써요.

2. be동사 과거형의 의문문
be동사 + 주어 ~?의 형태로 쓰고, '**~이었니/였니?, ~에 있었니?**'라는 의미로 써요.

He	was	in the museum.	그는 박물관에 있었다.
Was	he	in the museum?	그는 박물관에 있었니?

의문문	긍정의 대답	부정의 대답
Was he in the museum?	Yes, he was.	No, he wasn't.
Were they in the museum?	Yes, they were.	No, they weren't.

※ be동사 과거형의 의문문 대한 대답은 Yes / No로 대답해요.

A 밑줄 친 부분에 맞는 우리말 뜻을 고르세요.

1. <u>Was</u> she an artist?　　　　　☑ ～이었니/였니?　　☐ ～이니?

2. <u>Was</u> she in the gym?　　　　　☐ ～에 있었니?　　☐ ～에 있니?

3. It <u>wasn't</u> her pencil.　　　　　☐ ～(이)다.　　☐ ～(이)가 아니었다.

4. They <u>were not</u> in the school.　　☐ ～에 없었다.　　☐ ～에 없다.

5. <u>Were</u> they at the beach yesterday?　☐ ～에 있니?　　☐ ～에 있었니?

6. She <u>was not</u> at home.　　　　　☐ ～에 없다.　　☐ ～에 없었다.

B 빈칸에 들어갈 알맞은 be동사의 과거형을 고르세요.

1. _____ he alone?　　　　　　　　　☐ Were　　☑ Was

2. _____ you across the street?　　　☐ Were　　☐ Was

3. The painting _____ on the wall.　☐ wasn't　☐ weren't

4. _____ you late for school?　　　　☐ Were　　☐ Was

5. Art _____ his major.　　　　☐ was not　☐ were not

6. You _____ his teacher.　　　☐ was not　☐ were not

7. Playing tennis _____ my hobby.　☐ was not　☐ were not

8. _____ Jane and Sue elementary students?　☐ Were　☐ Was

9. _____ the cake sweet?　　　　　　☐ Was　　☐ Were

밑줄 친 단어를 올바르게 고치고 문장을 다시 쓰세요.

1 ～(이)가 없었다. / 거울이
There <u>were</u> not a mirror.
→ There was not a mirror.

2 너는 / ～에 없었다. / 집
You <u>be</u> not at home.
→

3 그는 / ～(이)가 아니었다. / 의사
He <u>were</u> not a doctor.
→

4 나는 / ～(이)가 아니었다. / 농부
I <u>was</u> a farmer.
→

5 ～에 있었니? / 그는 / 그의 침실
<u>Is</u> he in his bedroom?
→

6 ～에 있었니? / 너의 안경은 / 서랍장
<u>Was</u> your glasses in the drawer?
→

7 ～에 있었니? / 너는 / 체육관
<u>Are</u> you at the gym?
→

8 나의 고양이는 / ～에 없었다. / 공원
My cat <u>weren't</u> in the park.
→

9 ～이었니/였니? / Jen은 / 16살 / 2년 전에
<u>Is</u> Jen 16 years old two years ago?
→

10 ～이었니/였니? / 그녀는 / 부자 / 몇 년 전에
<u>Were</u> she rich a few years ago?
→

Practice

주어진 단어를 이용하여 우리말 뜻과 일치하도록 문장을 완성하세요.

1. they / Were / late / for school?   그들은 학교에 늦었니?

    → Were they late for school?
    _____

2. cute? / she / Was   그녀는 귀여웠니?

    → _____

3. last year. / were not / We / in the same class   우리는 작년에 같은 반이 아니었다.

    → _____

4. your parents / Were / farmers?   너의 부모님은 농부였니?

    → _____

5. yesterday? / you / Were / sick   너는 어제 아팠니?

    → _____

6. wasn't / She / poor.   그녀는 가난하지 않았다.

    → _____

7. 10 years old. / was / He / not   그는 10살이 아니었다.

    → _____

8. wasn't / at the post office. / Tom   Tom은 우체국에 없었다.

    → _____

서술형 맛보기

아래 문장을 의문문으로 바꾸고 우리말 뜻을 쓰세요.

> Our cats were in the living room.

의문문 → _____

우리말 뜻 → _____

1 다음 중 주어와 be동사가 알맞게 짝지어지지 않은 것을 고르세요.
① You-were ② She-wasn't ③ He-was ④ I-weren't

[2-4] 다음 빈칸에 들어갈 말로 가장 알맞은 말을 고르세요.

2
Skiing _____ difficult for me.

① did ② wasn't ③ am not ④ weren't

3
The grocery store _____ crowded.

① did ② was not ③ does ④ weren't

4
_____ there many people in the department store?

① Wasn't ② Was ③ Is ④ Were

5 (A), (B)에 들어갈 가장 적절한 것을 고르세요.

The cabbage ____(A)____ fresh yesterday.
Those horses ____(B)____ his last year.

	(A)	(B)
①	isn't	aren't
②	isn't	weren't
③	wasn't	aren't
④	wasn't	weren't

6 아래 문장 중 종류가 다른 하나를 고르세요.
① He and she weren't in the shopping mall. ② John wasn't a good swimmer.
③ Benny was a famous actor. ④ Carl wasn't tall.

7 다음 중 밑줄 친 부분이 틀린 것을 고르세요.
① They was not at the train station. ② Were you in the bathroom?
③ Was he a music teacher? ④ This yo-yo wasn't mine.

[8-9] 다음 빈칸에 공통으로 들어갈 말로 가장 알맞은 말을 고르세요.

8
· He _____ a kind person before.
· Zoey _____ my friend.
· His laptop _____ a new one.

① wasn't ② is ③ isn't ④ didn't

9

- _____ she a baker?
- _____ this your blue jacket?
- _____ Dan honest?

① Does   ② Doesn't   ③ Were   ④ Was

10 다음 중 올바른 문장을 고르세요.

① Was she a popular dancer?
② You wasn't in your bedroom!
③ Was you and he angry?
④ She were not tired.

11 아래의 짧은 글을 읽고 내용과 일치 하지 <u>않는</u> 것을 고르세요.

> Jenna is a farmer. She grows strawberries, blueberries, and some vegetables. She wasn't a farmer two years ago. She was a famous singer.

① Jenna was a farmer last year.
② Jenna was a famous singer.
③ Jenna was a famous farmer.
④ Jenna grows some fruit.

진짜 잘 풀리는 서술형

1 아래 문장에서 <u>틀린</u> 부분을 찾아 바르게 고쳐 쓰세요.

> Jim isn't the fastest runner last year. Carl was the fastest one.
> This year, Jim is the fastest runner of the race.

_____ → _____

2 다음 질문에 대한 알맞을 대답을 쓰세요.

> Ⓐ Was she a smart student?
> Ⓑ Yes, _____.

3 우리말 뜻을 보고 영작하세요.

> Jane과 Sun은 유명한 가수였니?
> → _____

4 아래 문장을 부정문으로 바꾸세요.

> There was a bus stop in front of the hospital.
> → _____

UNIT 2

일반동사의 과거형

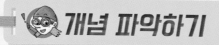

⭐ 일반동사의 과거형

다음 사진을 보고 아래의 문장을 읽어볼까요?

I live in New York.
나는 뉴욕에 산다.

I lived in New York.
나는 뉴욕에 살았다.

이 두 문장의 차이점은 무엇일까요? '나는 뉴욕에 **산다.**'라고 하면 현재도 뉴욕에 살고 있는 것이고, '나는 뉴욕에 **살았다.**'라고 하면 지금은 다른 곳에 살지만 과거에 살았다는 것을 나타내요. 이와 같이 영어에서도 과거에 일어난 일을 나타낼 때는 동사의 형태가 달라져요.

현재형 **I get up at 8 o'clock every day.**   나는 매일 8시에 일어난다.

과거형 **I got up at 9 o'clock today.**   나는 오늘 9시에 일어났다.

그럼 지금부터 일반동사의 과거형, 일반동사 과거형의 부정문과 의문문에 대해 알아볼까요?

일반동사의 과거형

일반동사의 과거형이란?

일반동사의 과거형은 '~했다'라는 의미로, 과거에 이미 일어난 일을 나타내요.

현재	I		**watch**		TV.
	나는		본다.		TV를
과거	I		**watched**		TV.
	나는		봤다.		TV를

규칙 동사와 불규칙 동사의 과거형

1. 규칙 동사의 과거형

대부분의 동사	-ed를 붙여요.	work → worked (일했다), talk → talked (말했다), start → started (시작했다)
-e로 끝나는 동사	-d를 붙여요.	like → liked (좋아했다), close → closed (닫았다), arrive → arrived (도착했다)
자음 + y로 끝나는 동사	y를 i로 고치고 -ed를 붙여요.	study → studied (공부했다), try → tried (시도했다), cry → cried (울었다)
『단모음 + 단자음』으로 끝나는 동사	마지막 자음을 한 번 더 쓰고 -ed를 붙여요.	stop → stopped (멈췄다), plan → planned (계획했다), drop → dropped (떨어뜨렸다)

2. 불규칙 동사의 과거형

현재형과 모양이 다른 동사	go → went (갔다), do → did (했다), have → had (가졌다) make → made (만들었다), come → came (왔다), eat → ate (먹었다) run → ran (달렸다), drink → drank (마셨다), say → said (말했다) buy → bought (샀다), meet → met (만났다), see → saw (봤다) write → wrote (썼다), tell → told (말했다), give → gave (주었다)
현재형과 모양이 같은 동사	cut → cut (잘랐다), hit → hit (쳤다), put → put (놓았다) read → read (읽었다), hurt → hurt (다쳤다), set → set (놓았다. 맞췄다)

Check

A 일반동사의 원형과 과거형을 보고 규칙 동사인지 불규칙 동사인지 고르세요.

1. make - made　　　　　　☐ 규칙 동사　　☑ 불규칙 동사

2. say - said　　　　　　　☐ 규칙 동사　　☐ 불규칙 동사

3. treat - treated　　　　　☐ 규칙 동사　　☐ 불규칙 동사

4. run - ran　　　　　　　☐ 규칙 동사　　☐ 불규칙 동사

5. transfer - transferred　　☐ 규칙 동사　　☐ 불규칙 동사

6. fly - flew　　　　　　　☐ 규칙 동사　　☐ 불규칙 동사

B 일반동사의 알맞은 과거형을 고르세요.

1. act　　　　☑ acted　　　　☐ actted

2. begin　　　☐ began　　　　☐ begined

3. add　　　　☐ added　　　　☐ aded

4. bake　　　　☐ bakied　　　☐ baked

5. bite　　　　☐ bit　　　　　☐ bited

6. burn　　　　☐ burned　　　☐ burnd

7. wave　　　　☐ waved　　　☐ wafed

8. yell　　　　☐ yelled　　　☐ yellied

9. wrap　　　　☐ wraped　　　☐ wrapped

Drill

밑줄 친 단어를 올바르게 고치고 문장을 다시 쓰세요.

1 그는 / 도착했다. / 집에 / 어제
He <u>arrives</u> at home yesterday. → He arrived at home yesterday.

2 그는 / 답했다. / 질문에 / 바로
He <u>answers</u> the questions immediately. →

3 나의 아버지가 / 구웠다. / 많은 쿠키를 / 나를 위해
My father <u>bakes</u> many cookies for me. →

4 그는 / 전적으로 / 동의했다. / 내 의견에
He totally <u>agrees</u> with me. →

5 Jessica는 / 먹었다. / 아침식사를 / 30분 전에
Jessica <u>eats</u> breakfast 30 minutes ago. →

6 우리는 / 길렀다. / 개를 / 오래 전에
We <u>have</u> a dog a long time ago. →

7 그는 / 원했다. / 꽃다발을
He <u>wants</u> a bunch of flowers. →

8 우리는 / 만들었다. / 거대한 종이비행기를
We <u>make</u> a huge paper plane. →

9 그녀는 / 신었다. / 두꺼운 양말을
She <u>wears</u> thick socks. →

10 우리 할아버지는 / 좋아했다. / 이 노래들을 / 작년에
My grandfather <u>likes</u> these songs last year. →

Practice

✎ 주어진 단어를 이용하여 우리말 뜻과 일치하도록 문장을 완성하세요.

1. I / last week. / the famous pizza restaurant / went to 나는 지난 주에 유명한 피자 가게에 갔다.

    → I went to the famous pizza restaurant last week.

2. a beehive. / I / found 나는 벌집을 발견했다.

    → _____

3. had to / He / his room. / clean 그는 그의 방을 치워야 했다.

    → _____

4. in spring. / enjoyed / Jen / the warm sunshine Jen은 봄에 따뜻한 햇살을 즐겼다.

    → _____

5. her shop / last week. / opened / She 그녀는 지난주에 그녀의 가게를 열었다.

    → _____

6. lemons. / squeezed / Ronald Ronald는 레몬을 짰다.

    → _____

7. stretched / Eli / her hands / forward. Eli는 손을 앞으로 뻗었다.

    → _____

8. to me. / threw / a soccer ball / He 그는 나에게 축구공을 던졌다.

    → _____

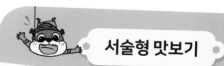

서술형 맛보기

🔍 그림을 보고 괄호 안의 단어를 활용하여 문장을 완성하세요.

Ⓐ What did he do?

Ⓑ He _____ a delicious pie.
(bake)

27

🔍 일반동사 과거형의 문장 형태

일반동사 과거형의 부정문과 의문문은 조동사 do의 과거형인 did를 사용해서 말해요.

부정문	I	**did not**	like	her.
	나는	~ 하지 않았다.	좋아하다	그녀를

의문문	**Did**	she	like	me?
	했니?	그녀는	좋아하다	나를

🔍 일반동사 과거형의 부정문과 의문문

1. 일반동사 과거형의 부정문

'~하지 않았다'라는 뜻으로, 주어의 인칭과 수에 상관없이 〈**did not + 동사원형**〉을 써요.

긍정문	I		**wanted**	the blue jeans.	나는 그 청바지를 **원했다.**
부정문		**did not**	**want**		나는 그 청바지를 **원하지 않았다.**

※ did not은 didn't로 줄여 쓸 수 있어요. I **didn't** want the blue jeans.

2. 일반동사 과거형의 의문문

'~했니?'라는 뜻으로, 주어의 인칭과 수에 상관없이 〈**Did + 주어 + 동사원형 ~?**〉을 써요.

긍정문		She	**knew**	my name.	그녀는 내 이름을 **알았다.**
의문문	Did	**she**	**know**	my name?	그녀는 내 이름을 **알았니?**

긍정문		You	**bought**	an umbrella.	너는 우산을 **샀다.**
의문문	Did	**you**	**buy**	an umbrella?	너는 우산을 **샀니?**

※ 의문문에 대한 대답은 긍정이면 〈Yes, 주어 + did.〉, 부정이면 〈No, 주어 + didn't.〉로 해요.

Ⓐ Did you eat lunch? 너는 점심을 먹었니?

Ⓑ Yes, I did. / No, I didn't. 응, 먹었다. / 아니, 먹지 않았다.

Check

A 밑줄 친 부분에 맞는 우리말 뜻을 고르세요.

1. <u>Did you</u> eat out last night?   ☑ 너는 ~했니?   ☐ 너는 ~하고 있니?

2. I <u>didn't play</u> games.   ☐ 했다.   ☐ 하지 않았다.

3. <u>Did he</u> talk with my father?   ☐ 그는 ~했니?   ☐ 그는 ~하니?

4. He <u>didn't take</u> the medicine.   ☐ 먹다.   ☐ 먹지 않았다.

5. <u>Did she</u> stop drawing?   ☐ 그녀는 ~했니?   ☐ 그녀는 ~하니?

6. You and I <u>didn't drink</u> Coke.   ☐ 마시다.   ☐ 마시지 않았다.

B 빈칸에 들어갈 알맞은 말을 고르세요.

1. I _____ yesterday.   ☐ sleep   ☑ didn't sleep

2. _____ watch the soccer game last week?   ☐ Do you   ☐ Did you

3. He _____ a new job last year.   ☐ didn't find   ☐ find

4. She _____ the last winter camp.   ☐ joins   ☐ didn't join

5. _____ buy a new hat last week?   ☐ Does he   ☐ Did he

6. They _____ me yesterday.   ☐ didn't help   ☐ help

7. _____ sing a song on stage last night?   ☐ Did you   ☐ Do you

8. _____ buy a new car two days ago?   ☐ Did she   ☐ Does she

9. _____ release a new song last month?   ☐ Does she   ☐ Did she

Drill

밑줄 친 단어를 올바르게 고치고 문장을 다시 쓰세요.

1. 그는 / 싸지 않았다. / 그의 옷을 / 여행을 위한
He didn't <u>packed</u> his clothes for the trip. → He didn't pack his clothes for the trip.

2. ~했니? / 그는 / 깨뜨리다 / 창문을
Did he <u>breaked</u> the window? →

3. 그는 / 투표하지 않았다. / Jack에게
He <u>don't vote</u> for Jack. →

4. 나는 / 넣지 않았다. / 설탕을 / 케이크에
I didn't <u>added</u> sugar to the cake. →

5. ~했니? / 내가 / 먹다 / 약을
Did I <u>took</u> the medicine? →

6. 그녀는 / 말하지 않았다. / 나에게
She <u>didn't told</u> me. →

7. ~했니? / 너는 / 초대하다 / 그를
Did you <u>invited</u> him? →

8. ~했니? / 너는 / 공부하다 / 어젯밤에
Did you <u>studied</u> last night? →

9. ~했니? / 너는 / 소리치다 / 그에게
<u>Do</u> you <u>yelled</u> at him? →

10. 너의 아기는 / 울지 않았다. / 하루 종일
Your baby <u>don't cry</u> all day long. →

Practice

✏️ 주어진 단어를 이용하여 우리말 뜻과 일치하도록 문장을 완성하세요.

1. the birthday party / begin? / Did   생일 파티가 시작됐니?
   → Did the birthday party begin?

2. his backpack. / didn't / He / bring   그는 가방을 가져오지 않았다.
   → _____

3. Did / change / she / her clothes?   그녀는 옷을 갈아입었니?
   → _____

4. didn't / I / your homework. / copy   나는 너의 숙제를 베끼지 않았다.
   → _____

5. didn't bite / into an apple. / She   그녀는 사과를 베어 물지 않았다.
   → _____

6. wipe / Did / the table? / you   너는 식탁을 닦았니?
   → _____

7. didn't go / She / to the park.   그녀는 공원에 가지 않았다.
   → _____

8. I / turn off / the light. / didn't   나는 불을 끄지 않았다.
   → _____

서술형 맛보기

🔍 다음 그림을 보고 대화에서 <u>틀린</u> 부분을 찾아 올바르게 고치세요.

Ⓐ Was it rainy yesterday?
Ⓑ Yes, it is. That's why I wore a rain coat.

_____ → _____

be동사와 일반동사 과거형의 구별

🔍 be동사 과거형과 일반동사 과거형의 비교

be동사의 과거형과 일반동사의 과거형은 문장의 형태와 의미가 달라요.

	be동사의 과거형	일반동사의 과거형
동사	was와 were 단 두 개의 과거형	be동사와 조동사를 제외한 모든 동사의 과거형
의미	~이었다/였다, ~했다, ~에 있었다	~했다
문장	He **was** a doctor. 그는 의사였다.	I **lived** in Seoul. 나는 서울에 살았다.

🔍 be동사 과거형과 일반동사 과거형의 구별

1. be동사 과거형과 일반동사 과거형은 다음과 같이 구별할 수 있어요.

be동사의 과거형		일반동사의 과거형	
주어에 따라 동사가 변함		주어에 상관없이 동사 자체가 변함	
주어가 **I / He / She / It**일 때	주어가 **You / We / They**일 때	**규칙 동사**	**불규칙 동사**
was	were	worked wanted lived liked studied stopped …	went had came bought said read …

2. be동사 과거형과 일반동사 과거형은 문장의 형태가 달라요.

	be동사의 과거형	일반동사의 과거형
긍정문	주어 + was / were ~.	주어 + 일반동사의 과거형 ~.
	They were teachers.	He went to school.
부정문	주어 + was / were not (wasn't / weren't) ~.	주어 + did not (didn't) + 동사원형 ~.
	She wasn't happy.	You didn't watch TV.
의문문	Was / Were + 주어 ~?	Did + 주어 + 동사원형 ~?
	Were you a dentist?	Did you buy the car?

Check

A 밑줄 친 부분에 맞는 말을 고르세요.

1. 나는 TV를 봤다.   ☐ was   ☑ watched

2. 그는 지하철을 탔다.   ☐ was   ☐ took

3. 우리는 책을 읽었다.   ☐ were   ☐ read

4. 나는 엘리베이터 안에 있었다.   ☐ was   ☐ used

5. 그는 다른 도시에 갔니?   ☐ Was he go   ☐ Did he go

6. 그녀는 박물관에 가지 않았다.   ☐ wasn't go   ☐ didn't go

B 빈칸에 들어갈 알맞은 말을 고르세요.

1. My dad _____ lunch.   ☐ was   ☑ cooked

2. We _____ happy to meet you.   ☐ does   ☐ were

3. My friend _____ shopping.   ☐ go   ☐ went

4. They _____ lazy people.   ☐ went   ☐ were

5. _____ the movie exciting?   ☐ Was   ☐ Did

6. I _____ my dog.   ☐ fed   ☐ feeded

7. _____ he stand in line at a bus stop?   ☐ Was   ☐ Did

8. _____ it rainy yesterday?   ☐ Was   ☐ Did

9. We ate out dinner _____.   ☐ now   ☐ last night

✏️ 밑줄 친 단어를 올바르게 고치고 문장을 다시 쓰세요.

1 그는 / 먹었다. / 저녁을 / 중국 식당에서

He <u>eat</u> dinner in the Chinese restaurant.

→ He ate dinner in the Chinese restaurant.

2 그는 / ～에 있었다. / 병원

He <u>is</u> in the hospital.

→

3 그와 나는 / ～이었다/였다. / 11살 / 작년에

He and I <u>am</u> 11 years old last year.

→

4 나는 / 요리했다. / 주방에서

I <u>cook</u> in the kitchen.

→

5 그녀는 / ～이 아니었다. / 화난

She <u>is not</u> angry.

→

6 그는 / 닦지 않았다. / 이를 / 오늘 아침에

He <u>didn't brushed</u> his teeth this morning.

→

7 너는 / 원했니? / TV 보는 것을

<u>Was you</u> want to watch TV?

→

8 ～에 있었니? / 너는 / 집

<u>Did you</u> at home?

→

9 그것은 / ～이 아니었다. / 그의 가방

It <u>didn't</u> his bag.

→

10 ～이었니/였니? / 그녀는 / 부자 / 몇 년 전에

<u>Were</u> she rich a few years ago?

→

Practice

 주어진 단어를 이용하여 우리말 뜻과 일치하도록 문장을 완성하세요.

1.　　　　Sam / meet / Did / Liz?　　　　　　Sam은 Liz를 만났니?

→ Did Sam meet Liz?

2.　　　　didn't / live in / He / Japan.　　　　그는 일본에서 살지 않았다.

→ _____

3.　　　　I / expensive tea. / bought / some　　나는 약간의 비싼 차를 샀다.

→ _____

4.　　　　clean / your classroom? / Did you　　너는 너의 교실을 청소 했니?

→ _____

5.　　　　rode / My friend / a bike.　　　　　내 친구는 자전거를 탔다.

→ _____

6.　　　　didn't / take a picture / He / of us.　그는 우리 사진을 찍지 않았다.

→ _____

7.　　　　buy / a new lamp? / you / Did　　　너는 새로운 램프를 샀니?

→ _____

8.　　　　tie / the rope? / you / Did　　　　　너는 끈을 묶었니?

→ _____

 서술형 맛보기

Monday, June 4th

Today is my birthday.
My friends came to my house.
We celebrated my birthday.
Lena sang a birthday song for me.
Also, my friends gave me presents.
I had a lot of fun!

🔍 Tom의 일기를 보고 다음 질문에 완벽한 문장으로 대답하세요.

Who sang a birthday song for Tom?

→ _____

1 다음 중 일반동사의 원형과 과거형이 알맞게 짝지어 진 것을 고르세요.

① go-goed   ② ride-ridden   ③ stop-stopped   ④ leave-leaved

[2-4] 다음 빈칸에 들어갈 말로 가장 알맞은 말을 고르세요.

2

He _____ home at 10 yesterday.

① leave   ② left   ③ leaved   ④ leaves

3

_____ you talk with her about your wedding?

① Are   ② Did   ③ Does   ④ Is

4

Did they _____ on the sofa?

① hopped   ② hoping   ③ hop   ④ hoped

5 아래 문장 중 종류가 <u>다른</u> 하나를 고르세요.

① The bus stopped at the stop.   ② I tried to eat carrots.
③ I planned to visit you.   ④ A caterpillar was in the tree.

6 다음 중 밑줄 친 부분이 틀린 것을 고르세요.

① We <u>didn't plan</u> to visit him.   ② They <u>made</u> a snowman last winter.
③ I <u>didn't do</u> my homework this morning.   ④ He <u>written</u> a letter to his girlfriend.

7 다음 중 올바른 문장을 고르세요.

① He didn't carryed heavy boxes.   ② I calld you last night.
③ He visited me three days ago.   ④ They runned across the garden.

[8-9] 아래의 짧은 글을 읽고 질문에 답하세요.

> Ben, Tina, and I met in front of the shopping mall this morning. Tina and I
> (A) <u>help / helped</u> Ben to buy gifts for his grandparents. After that, we ate our
> lunch there. We (B) <u>have / had</u> delicious Mexican food.

8 (A)와 (B)에 들어갈 알맞은 것을 고르세요.

	(A)	(B)
①	help	have
②	help	had
③	helped	have
④	helped	had

9 다음 중 내용과 맞지 <u>않는</u> 문장을 고르세요.
① Ben bought something for his grandparents.
② Ben, Tina, and I met in front of my house.
③ After shopping, they had delicious food.
④ They met this morning.

[10-11] 다음 빈칸에 공통으로 들어갈 말로 가장 알맞은 말을 고르세요.

10
· _____ you have lunch today?
· He _____ the dishes last night.
· _____ you see me this morning?

① are   ② were   ③ is   ④ did

11
· She _____ take a taxi.
· I _____ give him a cup.
· We _____ close the window.

① is   ② was   ③ wasn't   ④ didn't

진짜 잘 풀리는 서술형

[1-2] 대화가 완성 되도록 괄호 안의 단어를 활용하여 문장을 완성하세요.

1
Ⓐ Where did you go in the morning?
Ⓑ (go, library)
→ _____

2
Ⓐ (you, lunch)
Ⓑ Yes, I did.
→ _____

[3-4] 아래의 글을 보고 질문에 답하세요.

Last night, Jess goes to bed late. That's why he was late for work today. <u>그는 아침을 먹지 않았다.</u> However, he took a shower. After that, he took a taxi.

3 괄호 안의 단어를 활용하여 밑줄 친 우리말을 영어로 쓰세요. (have, breakfast)

→ _____

4 <u>틀린</u> 문장을 찾아 바르게 고치세요.

→ _____

UNIT 3

현재진행형과 과거진행형

Part 01 ▸ 동사원형 + -ing 만들기

Part 02 ▸ 현재진행형과 과거진행형

Part 03 ▸ 진행형의 부정문과 의문문

실전 **TEST**

⭐ 현재진행형

지금 이 여성은 무엇을 하고 있나요?

The woman is cooking.
그 여성은 요리를 하고 있다.

현재진행형은 바로 **지금 진행 중**인 동작을 나타낼 때 사용한다고 배웠죠?

⭐ 과거진행형

그렇다면 과거진행형은 언제 사용할까요? **과거진행형**은 '**그때 ~하고 있었다**'라는 의미로, **과거 어느 때에 진행 중이었던** 동작을 나타낼 때 사용해요.

The dog was sleeping.
그 개는 자고 있었다.

They were painting.
그들은 그림을 그리고 있었다.

과거진행형은 be동사의 현재형(**am/is/are**) 대신 과거형(**was/were**)를 사용해서 만들어요.

그럼 지금부터 현재진행형과 과거진행형에 대해 알아볼까요?

Part 1

동사원형 + -ing 만들기

진행형이란?

진행형은 '~하고 있다', '~하고 있었다'라는 의미로, 현재와 과거의 어느 시점에서 진행하거나 진행했던 일을 나타내요.

현재형	He **watches**	TV.	그는 TV를 본다.
진행형	He **is watching**	TV.	그는 TV를 보고 있다.

진행형의 형태

1. 진행형은 <be동사 + 동사원형 + -ing>의 형태로 써요.

I	walk	to school.	나는 걸어서 학교에 간다.
	am walking		나는 걸어서 학교에 가고 있다.
He / She / It	runs	on the road.	그 / 그녀 / 그것은 거리에서 달린다.
	is running		그 / 그녀 / 그것은 거리에서 달리고 있다.
You / We / They	have	lunch.	너 / 우리 / 그들은 점심을 먹는다.
	are having		너 / 우리 / 그들은 점심을 먹고 있다.

2. 동사원형 + -ing 만들기

대부분의 동사	동사원형 + -ing	go (가다) → going read (읽다) → reading do (하다) → doing sleep (자다) → sleeping
-e로 끝나는 동사	e를 없애고 -ing	make (만들다) → making come (오다) → coming give (주다) → giving have (먹다) → having
-ie로 끝나는 동사	ie를 y로 고치고 -ing	lie (눕다) → lying tie (묶다) → tying
『단모음 + 단자음』으로 끝나는 동사	자음을 한 번 더 쓰고 -ing	run (달리다) → running stop (멈추다) → stopping swim (수영하다) → swimming cut (자르다) → cutting

※ **love** (사랑하다), **know** (알다), **have** (가지고 있다)와 같이 감정이나, 생각, 소유 등을 나타내는 동사는 진행형으로 쓸 수 없어요. 하지만 have가 '먹다'라는 뜻일 때는 진행형으로 쓸 수 있어요. **I'm having dinner.** 나는 저녁을 먹고 있다.

Check

A 다음 동사의 알맞은 동사원형+ing 형태를 고르세요.

1. read ☐ readding ☑ reading

2. come ☐ coming ☐ comeing

3. make ☐ making ☐ makeing

4. stop ☐ stoping ☐ stopping

5. study ☐ studying ☐ styding

6. tie ☐ tying ☐ tieng

B 우리말 뜻을 보고 올바른 시제를 고르세요.

1. 나는 아침 7시에 밥을 먹는다. ☑ 현재형 ☐ 현재진행형

2. 나는 아침밥을 먹고 있다. ☐ 현재형 ☐ 현재진행형

3. 나는 노래 부르는 것을 좋아한다. ☐ 현재형 ☐ 현재진행형

4. 그는 노래를 부르고 있다. ☐ 현재형 ☐ 현재진행형

5. 그들은 주말마다 자전거를 탄다. ☐ 현재형 ☐ 현재진행형

6. 나는 자전거를 타고 있다. ☐ 현재형 ☐ 현재진행형

7. Kate는 잠을 자고 있다. ☐ 현재형 ☐ 현재진행형

8. Dan은 늦게까지 잠을 잔다. ☐ 현재형 ☐ 현재진행형

9. 그들은 모든 창문을 열고 있다. ☐ 현재형 ☐ 현재진행형

Drill

밑줄 친 단어를 올바르게 고치고 문장을 다시 쓰세요.

1 그들은 / 연주하고 있다. / 바이올린을
They are <u>play</u> the violins.
→ They are playing the violins.

2 그는 / 요리하고 있다. / 부엌에서
He is <u>cook</u> in the kitchen.
→

3 그녀는 / 쓰고 있다. / 가사를 / 새 펜으로
She is <u>write</u> lyrics with a new pen.
→

4 나는 / 배우고 있다. / 아시아의 역사를
I am <u>learn</u> about the history of Asia.
→

5 우리는 / 읽고 있다. / 책을
We are <u>read</u> books.
→

6 그녀는 / 수리하고 있다. / 의자를
She is <u>fix</u> a chair.
→

7 나는 / 운전하고 있다. / 지금
I am <u>drive</u> now.
→

8 나는 / 춤추고 있다. / 친구들과
I am <u>dance</u> with my friends.
→

9 나는 / 검색하고 있다. / 인터넷을
I am <u>surf</u> the Internet.
→

10 그 소년은 / 세고 있다. / 숫자를
The boy is <u>count</u> the numbers.
→

Practice

✎ 주어진 단어를 이용하여 우리말 뜻과 일치하도록 문장을 완성하세요.

1.　　taking a picture / of me. / She / is　　　그녀는 내 사진을 찍고 있다.

　→ She is taking a picture of me .

2.　　He / ordering / is / some food.　　　그는 음식을 주문하고 있다.

　→ _____

3.　　eating / We / are / dinner.　　　우리는 저녁을 먹고 있다.

　→ _____

4.　　She / taking / is / a nap.　　　그녀는 낮잠을 자고 있다.

　→ _____

5.　　milk. / The baby / is / drinking　　　그 아기는 우유를 마시고 있다.

　→ _____

6.　　I / tying / am / a rope.　　　나는 줄을 묶고 있다.

　→ _____

7.　　in the crib. / Her baby / sleeping / is　　　그녀의 아기는 유아용 침대에서 잠을 자고 있다.

　→ _____

8.　　bikes. / They / are / riding　　　그들은 자전거를 타고 있다.

　→ _____

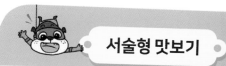 서술형 맛보기

🔍 아래의 문장들을 진행형 문장으로 바꾸세요.

He drinks soda. (그는 탄산음료를 마신다.)	He bakes a carrot cake. (그는 당근 케이크를 굽는다.)

　→ _____　　　→ _____

Part 2

현재진행형과 과거진행형

진행형의 종류

진행형에는 **현재진행형**과 **과거진행형**이 있어요.

현재진행형	주어	am / is / are + -ing	~ 하고 있다
과거진행형	주어	was / were + -ing	~ 하고 있었다

현재진행형과 과거진행형

1. 현재진행형

'~하고 있다'라는 뜻으로, 주어가 **지금 하고 있는 동작이나 일**을 나타내요.

주어	be동사의 현재형	동사원형 + -ing
I (나는)	am	
You (너는)		
We (우리는)	are	
They (그들은)		sleeping. (자고 있다.)
He (그는)		
She (그녀는)	is	
It (그것은)		

2. 과거진행형

'~하고 있었다'라는 뜻으로, 주어가 **과거의 어느 때에 하고 있던 동작이나 일**을 나타내요.

주어	be동사의 과거형	동사원형 + -ing
I (나는)	was	
You (너는)		
We (우리는)	were	
They (그들은)		running. (달리고 있었다.)
He (그는)		
She (그녀는)	was	
It (그것은)		

Check

A 우리말 뜻을 보고 올바른 시제를 고르세요.

1. 그들은 수영을 하고 있다. ☑ 현재진행형 ☐ 과거진행형

2. 그는 운동을 하고 있었다. ☐ 현재진행형 ☐ 과거진행형

3. 우리는 일을 하고 있다. ☐ 현재진행형 ☐ 과거진행형

4. 나는 과일을 씻고 있다. ☐ 현재진행형 ☐ 과거진행형

5. 그는 레스토랑을 열고 있었다. ☐ 현재진행형 ☐ 과거진행형

6. 우리는 수영을 하고 있었다. ☐ 현재진행형 ☐ 과거진행형

B 빈칸에 들어갈 알맞은 말을 고르세요.

1. He was _____ at 8 a.m. ☐ get up ☑ getting up

2. Mina and Tom are _____ lunch. ☐ eating ☐ eaten

3. Gina _____ playing baseball now. ☐ was ☐ is

4. I was _____ as a teacher. ☐ working ☐ work

5. Jake's father _____ cooking this morning. ☐ was ☐ is

6. He's _____ on the phone now. ☐ talked ☐ talking

7. Anne _____ studying Italian now. ☐ was ☐ is

8. She was _____ the harp. ☐ playing ☐ played

9. We're _____ the kitchen now. ☐ cleaning ☐ cleaned

Drill

밑줄 친 단어를 올바르게 고치고 문장을 다시 쓰세요.

1 Gina는 / 건너고 있었다. / 다리를
Gina is passing over the bridge. → Gina was passing over the bridge.

2 Smith 선생님은 / 가르치고 있다. / 영어를
Mr. Smith is teach English. →

3 두더지가 / 파고 있다. / 구멍을
A mole was digging a hole. →

4 그는 / 튀기고 있다. / 감자들을
He was frying potatoes. →

5 그녀는 / 운전하고 있었다. / 트럭을
She is driving a truck. →

6 그녀는 / 찾고 있다. / 그의 집을
She's look for his house. →

7 우리는 / 수다를 떨고 있었다. / 전화로
We are chatting on the phone. →

8 우리는 / 머물고 있었다. / 파리에
We are staying in Paris. →

9 그 가수는 / 노래를 하고 있다. / 지금
The singer is sing now. →

10 그녀는 / 치고 있었다. / 테니스를
She is playing tennis. →

주어진 단어를 이용하여 우리말 뜻과 일치하도록 문장을 완성하세요.

1. laughing. / The baby / is 　　　그 아기는 웃고 있다.

→ The baby is laughing.

2. Jim / dinner. / is / preparing 　　　Jim은 저녁을 준비하고 있다.

→ _____

3. The dog / chasing / was / the cat. 　　　그 개는 그 고양이를 쫓고 있었다.

→ _____

4. setting / was / Dad / the table. 　　　아빠는 식탁을 차리고 있었다.

→ _____

5. receiving / was / his report card. / He 　　　그는 그의 성적표를 받고 있었다.

→ _____

6. with water. / I / filling / was / the bottle 　　　나는 병에 물을 채우고 있었다.

→ _____

7. vacation. / planning / I / my next summer / was 　　　나는 내년 여름휴가 계획을 세우고 있었다.

→ _____

8. It's / now. / raining 　　　지금 비가 오고 있다.

→ _____

서술형 맛보기

다음 Kelly의 계획표와 <보기>를 보고, 빈칸에 알맞은 말을 쓰세요.

1:00
have lunch
with Tom

3:00
exercise
at the gym

6:00
watch TV

보기　Kelly is watching TV now.

Kelly _____ _____ _____ with Tom at 1:00.

진행형의 부정문과 의문문

🔍 진행형 문장의 형태

진행형의 **부정문**과 **의문문**은 다음과 같이 구별할 수 있어요.

부정문	He	is not	sleeping.
	그는	아니다.	자고 있는

의문문	Is	he	sleeping?
	이니?	그는	자고 있는

🔍 진행형의 부정문과 의문문

1. 진행형의 부정문

'~하고 있지 않(았)다'라는 뜻으로, 〈**be동사 + not + 동사원형 + -ing**〉로 써요.

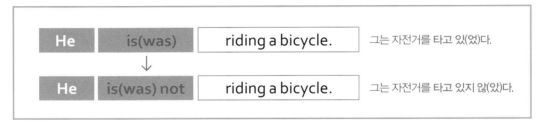

He	is(was)	riding a bicycle.	그는 자전거를 타고 있(었)다.
He	is(was) not	riding a bicycle.	그는 자전거를 타고 있지 않(았)다.

※ is not은 isn't로, are not은 aren't로 줄여서 써요.

2. 진행형의 의문문

'~하고 있(었)니?'라는 뜻으로, 〈**be동사 + 주어 + 동사원형 + -ing ~?**〉로 써요.

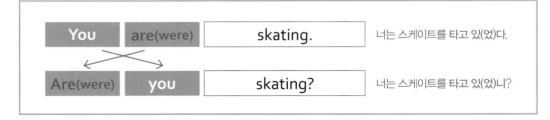

You	are(were)	skating.	너는 스케이트를 타고 있(었)다.
Are(were)	you	skating?	너는 스케이트를 타고 있(었)니?

※ 진행형의 의문문에 대한 대답은 Yes / No로 해요.

의문문	긍정의 대답	부정의 대답
Is she dancing now?	Yes, she is.	No, she isn't.
Were they swimming in the pool?	Yes, they were.	No, they weren't.

Check

A 밑줄 친 부분에 맞는 우리말 뜻을 고르세요.

1. I <u>am not drawing</u> flowers. ☑ 그리고 있지 않다. ☐ 그리지 않는다.

2. <u>Is she coming</u> to my house? ☐ 그녀는 오고 있니? ☐ 그녀는 오니?

3. <u>Was she sleeping?</u> ☐ 그녀는 자고 있었니? ☐ 그녀는 자니?

4. He <u>isn't doing</u> his homework. ☐ 하고 있지 않다. ☐ 하지 않는다.

5. I <u>was ringing</u> the bell at 12 p.m. ☐ 울리고 있었다. ☐ 울렸다.

6. <u>Is she singing</u> a song? ☐ 그녀는 노래하고 있니? ☐ 그녀는 노래하니?

B 빈칸에 들어갈 알맞은 말을 고르세요.

1. Are you _____ a newspaper? ☑ reading ☐ read

2. He isn't working _____. ☐ now ☐ yesterday

3. _____ you studying math? ☐ Was ☐ Were

4. She isn't _____ a ball. ☐ catches ☐ catching

5. I _____ opening the door. ☐ didn't ☐ wasn't

6. _____ he writing a poem? ☐ Did ☐ Was

7. He _____ attending the ceremony. ☐ didn't ☐ wasn't

8. Was she _____ the book at that time? ☐ colored ☐ coloring

9. _____ she announcing the winner? ☐ Does ☐ Is

밑줄 친 단어를 올바르게 고치고 문장을 다시 쓰세요.

1 ~하고 있었니? / 그는 / 듣다 / 너의 말을

Was he <u>listened</u> to you? → Was he listening to you?

2 그는 / 수영하고 있지 않다. / 수영장에서

He isn't <u>swim</u> in the pool. →

3 ~하고 있었니? / 너는 / 운전하다 / 혼자

<u>Are</u> you driving alone? →

4 나는 / 붓고 있다. / 물을 / 병에

I am <u>pour</u> water into a bottle. →

5 ~하고 있었니? / 너는 / 옮기다 / 수조를

<u>Was</u> you moving the tank? →

6 그들은 / 하고 있다. / 보드게임을

They are <u>play</u> board games. →

7 그는 / 작곡하고 있다. / 새 노래를

He is <u>compose</u> a new song. →

8 그녀는 / 준비하고 있다. / 시험을 / 지금

She <u>was</u> preparing the exam now. →

9 나는 / 타자를 치고 있었다. / 내 책상에서

I was <u>type</u> at my desk. →

10 그들은 / 가고 있었다. / 공항으로

They <u>was</u> going to the airport. →

Practice

✏️ 주어진 단어를 이용하여 우리말 뜻과 일치하도록 문장을 완성하세요.

1. having / Sam / dinner? / Was   Sam은 저녁을 먹고 있었니?

    → Was Sam having dinner?

2. riding / a horse. / I / was   나는 말을 타고 있었다.

    → _____

3. the movie ticket? / she / looking for / Was   그녀는 영화표를 찾고 있었니?

    → _____

4. with / wasn't / He / hanging out / his friends.   그는 친구들과 놀고 있지 않았다.

    → _____

5. riding / My friend / a bike. / was   내 친구는 자전거를 타고 있었다.

    → _____

6. was / buying / I / fruit.   나는 과일을 사고 있었다.

    → _____

7. gardening. / is / My brother   내 남동생은 정원을 가꾸고 있다.

    → _____

8. She / fixing / a computer. / is   그녀는 컴퓨터를 고치고 있다.

    → _____

 서술형 맛보기

🔍 그림을 보고 질문에 알맞은 대답을 쓰세요.

> Ⓐ Is the woman on the third floor making a cup?
>
> Ⓑ _____

1 다음 중 일반동사의 원형과 진행형이 잘못 짝지어 진 것을 고르세요.
① fix-fixing   ② bake-baking   ③ put-putting   ④ cook-cookying

[2-4] 다음 빈칸에 들어갈 말로 가장 알맞은 말을 고르세요.

2 I _____ reading a book under the tree yesterday.

① do   ② was   ③ be   ④ been

3 She is taking a shower _____.

① now   ② an hour ago   ③ last week   ④ yesterday

4 _____ was feeding my cat.

① He   ② Jon and Mary   ③ I and Tom   ④ Susan and Haley

5 다음 중 틀린 문장을 고르세요.
① My dog is drinking water.   ② She's calling David.
③ We doing our homework.   ④ They were running in the playground.

6 다음 중 밑줄 친 부분이 틀린 것을 고르세요.
① Some students are running on a track.   ② I was taking a shower.
③ Is he reading a book?   ④ He doesn't playing video games at all.

[7-8] 다음 빈칸에 공통으로 들어갈 말로 가장 알맞은 말을 고르세요.

7 Were you _____ board games?
I was _____ baseball with my team.
He is _____ the guitar now.

① playing   ② played   ③ plays   ④ playieng

8 _____ is drinking orange juice.
Was _____ pushing a table?
_____ was opening a door.

① I   ② she   ③ they   ④ you

9 아래 문장 중 종류가 <u>다른</u> 하나를 고르세요.
  ① They are going to school.　　　② I am washing my hands.
  ③ I drink milk.　　　④ She was reading a newspaper.

10 다음 대화의 빈칸에 들어갈 알맞은 것을 고르세요.

  Ⓐ _____
  Ⓑ No, I wasn't.

  ① Was she eating lunch?　　　② Are you eating lunch?
  ③ Were you eating lunch?　　　④ Was I eating lunch?

11 다음 중 옳은 문장을 고르세요.
  ① I do not running in the park.　　　② He was swimming in the sea.
  ③ They are play music together.　　　④ She does be working in the office.

진짜 잘 풀리는 **서술형**

[1-2] 아래 글에서 밑줄 친 부분을 바르게 고치세요.

> I am at a restaurant now. I **1** <u>was watching</u> the staff in here. The cook is in the kitchen. She **2** <u>is cook</u> steak. The waiter is serving food to the customers.

1 _____ → _____

2 _____ → _____

[3-4] 아래 문장을 지시에 따라 바꿔 쓰세요.

3
> They were singing a song. (의문문)

→ _____

4
> They are studying English. (부정문)

→ _____

UNIT 4

미래형

실전 TEST

⭐ 미래형 will

아래의 소년은 신나게 TV를 본 후 자려고 침대에 누워 있어요. '오늘 너무 놀았나?'라는 생각에 '이제부터는 열심히 공부해야지!'라며 다짐을 해요.

I will study hard.
나는 열심히 공부할 것이다.

이와 같이 앞으로 일어날 일이나 예상되는 일을 추측해서 말할 때 **will**을 사용해요. **will**은 '**~할 것이다**, **~일 것이다**'라는 뜻의 조동사로, **미래형**이라고 해요.

⭐ 미래형 be going to

We are going to get married next month.
우리는 다음 달에 결혼할 예정이다.

She is going to go to the beach.
그녀는 바닷가에 갈 예정이다.

미래형에는 will과 같은 의미로 쓸 수 있는 **be going to**가 있어요. **be going to**는 앞으로 일어날 일을 말한다는 점에서 will과 똑같지만, 미리 하기로 **계획된 일**이나 **정해진 일**을 말할 때 사용해요.

그럼 지금부터 미래형에 대해 알아볼까요?

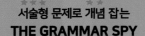
미래형 will이란?

미래형 will은 '**~할 것이다, ~일 것이다**'라는 의미로 앞으로 일어날 일의 **예측**이나 **계획**을 나타내요.

현재형	I	play	tennis.	나는 테니스를 친다.
미래형	I	will play	tennis.	나는 테니스를 칠 것이다.

미래형 will의 쓰임

1. 미래형

주어의 인칭과 수에 관계없이 〈**will + 동사원형**〉의 형태로 써요.

I	help	you.	나는 너를 도와준다.
	will help		나는 너를 도와줄 것이다.
He	is	a great singer.	그는 훌륭한 가수다.
	will be		그는 훌륭한 가수가 될 것이다.
They	travel	around the world.	그들은 전 세계를 여행한다.
	will travel		그들은 전 세계를 여행할 것이다.

2. 과거형, 현재형, 미래형

동사의 형태와 **때를 나타내는 표현**에 따라 달라져요.

시제	동사의 형태	때를 나타내는 표현
과거	She **learned** French 그녀는 프랑스어를 배웠다.	before. (전에), yesterday. (어제), last week. (지난 주에)
현재	She **learns** French 그녀는 프랑스어를 배운다.	now. (지금), right now. (바로 지금)
미래	She **will learn** French 그녀는 프랑스어를 배울 것이다.	later. (나중에), tomorrow. (내일), next week. (다음 주에)

※ 주어 + will은 아포스트로피(')를 사용하여 줄여 쓸 수 있어요.

I will → I'll you will → you'll he will → he'll she will → she'll
it will → it'll we will → we'll they will → they'll

Check

A 밑줄 친 우리말 뜻에 맞는 말을 고르세요.

1. 나는 내일 <u>수영을 할 것이다</u>. ☑ will swim ☐ am swimming

2. 나는 지금 <u>수영을 하는 중이다</u>. ☐ swim ☐ am swimming

3. 나는 어제 <u>수영을 했다</u>. ☐ swam ☐ swim

4. 그와 나는 저녁에 <u>영화를 보러 갈 것이다</u>. ☐ will go see a movie ☐ go see a movie

5. 그는 그저께 <u>영화를 봤다</u>. ☐ saw a movie ☐ sees a movie

6. <u>그는 영화를 보는 중이니</u>? ☐ Is he seeing a movie? ☐ Did he see a movie?

B 미래형 문장이 되도록 아래 빈칸에 들어갈 알맞은 말을 고르세요.

1. I _____ go out for a walk. ☑ will ☐ am

2. I will _____ hot dogs in the park. ☐ sell ☐ selling

3. He _____ call you later. ☐ is ☐ will

4. I will _____ my knees. ☐ bending ☐ bend

5. I will _____ a new pen. ☐ buy ☐ bought

6. She _____ drive a car. ☐ is ☐ will

7. They will _____ tomorrow. ☐ marrying ☐ marry

8. She will _____ you the movie. ☐ show ☐ showing

9. He _____ dry the wet carpet. ☐ will ☐ is

✏️ 밑줄 친 단어를 올바르게 고치고 문장을 다시 쓰세요.

1 나는 / 할 것이다. / 결석을 / 내일
I will <u>am</u> absent tomorrow. → I will be absent tomorrow.

2 나는 / 잠을 잘 것이다. / 오후 10시에
I will <u>going</u> to bed at 10 p.m. →

3 이 컴퓨터는 / 번역할 것이다. / 영어를
This computer <u>is</u> translate English. →

4 사람들은 / 조절할 것이다. / 날씨를 / 언젠가는
People <u>are</u> control the weather someday. →

5 날이 맑을 것이다. / 내일은
It will <u>being</u> sunny tomorrow. →

6 그는 / 될 것이다. / 인기 있는 배우가
He <u>does</u> be a popular actor. →

7 그는 / 갖게 될 것이다. / 손자 두 명을 더
He will <u>having</u> two more grandchildren. →

8 우리는 / 캠핑을 갈 것이다. / 이번 주말에
We will <u>went</u> camping this weekend. →

9 나는 / 아침을 먹을 것이다. / 나의 친구와 / 내일
I <u>do</u> have breakfast with my friend tomorrow. →

10 June은 / 볼 것이다. / 그 경기를 / 오늘 밤에
June will <u>watches</u> the match tonight. →

Practice

주어진 단어를 이용하여 우리말 뜻과 일치하도록 문장을 완성하세요.

1. will / We / a test / have / next week.　　　우리는 다음 주에 시험을 볼 것이다.

   → We will have a test next week.

2. for the football team. / I / try out / will　　나는 풋볼팀에 지원할 것이다.

   → _____

3. attend / will / I / the science class.　　　나는 과학 수업에 출석할 것이다.

   → _____

4. She / arrive / tomorrow. / will　　　　그녀는 내일 도착할 것이다.

   → _____

5. will / next Monday. / the books / return / He　그는 그 책들을 다음 주 월요일에 돌려줄 것이다.

   → _____

6. dig up / the rock. / He / will　　　그는 그 돌을 파낼 것이다.

   → _____

7. some fabrics. / will / She / buy　　그녀는 옷감을 좀 살 것이다.

   → _____

8. dive into / the pool. / will / She　　그녀는 수영장으로 뛰어들 것이다.

   → _____

 서술형 맛보기

아래의 문장을 will을 사용하여 미래형 문장으로 바꾸세요.

He gets up at 7 a.m.

→ _____

미래형 be going to

🔍 미래형 be going to란?

미래형 **be going to**는 **will**과 마찬가지로, '**~할 것이다, ~할 예정이다**'라는 의미로, 미래에 **계획된 일**이나 **정해진 일**을 말할 때 사용해요.

| 현재형 | I   invite   my friends. | 나는 내 친구들을 초대한다. |
| 미래형 | I am going to invite my friends. | 나는 내 친구들을 초대할 것이다. |

🔍 미래형 be going to의 쓰임

1. be동사는 주어에 따라 **am/is/are**로 바뀌고 **<be going to + 동사원형>**의 형태로 써요.

	have		나는 파티를 연다.
I	am going to have	a party.	나는 파티를 열 것이다.
She	goes		그녀는 쇼핑을 간다.
	is going to go	shopping.	그녀는 쇼핑을 갈 것이다.
You	stay		너는 도쿄에 머문다.
	are going to stay	in Tokyo.	너는 도쿄에 머물 것이다.

※ 〈be going to + 장소〉에서 **be going to**는 미래형이 아니라 **go**(가다)의 진행형 문장임을 주의하세요.

I **am going to** the park.　　　　나는 공원에 가고 있다.
She **is going to** the shopping mall.　그녀는 쇼핑몰에 가고 있다.
You **are going to** the bank.　　　너는 은행에 가고 있다.

2. <주어 + be going to>는 줄여 쓸 수 있어요.

I	am going to	I'm going to
He		He's going to
She	is going to	She's going to
It		It's going to
You		You're going to
We	are going to	We're going to
They		They're going to

Check

A 밑줄 친 will을 be going to로 알맞게 바꾼 것을 고르세요.

1. They will go see a movie. ☐ is going to ☑ are going to

2. She will play music. ☐ is going to ☐ am going to

3. Sue will wash fruits. ☐ am going to ☐ is going to

4. Danny will live in the desert. ☐ are going to ☐ is going to

5. I will fly a plane. ☐ am going to ☐ are going to

6. Joe and Ryan will sing next Sunday. ☐ is going to ☐ are going to

B 빈칸에 들어갈 알맞은 단어를 고르세요.

1. _____ is going to call me. ☑ He ☐ He and she

2. _____ is going to buy a house next week. ☐ Jen ☐ Gina and I

3. He _____ going to meet friends tomorrow. ☐ is ☐ be

4. I am going _____ text you soon. ☐ into ☐ to

5. He _____ going to go to bed. ☐ is ☐ does

6. They are _____ to iron the clothes. ☐ goes ☐ going

7. He is _____ to come back. ☐ going ☐ went

8. She _____ going to pick you up. ☐ does ☐ is

9. _____ are going to eat out. ☐ We ☐ Katie

✎ 밑줄 친 단어를 올바르게 고치고 문장을 다시 쓰세요.

1 Ben은 / 찾을 것이다. / 새로운 직장을
Ben <u>will</u> going to find a new job. → Ben is going to find a new job.

2 나는 / 쓸 것이다. / 이메일을
I <u>is</u> going to write an e-mail. →

3 그는 / 주문할 것이다. / 음식을 / 곧
He is <u>go</u> to order food soon. →

4 나는 / 잘 것이다. / 일찍
I <u>go to</u> sleep early. →

5 우리는 / 갈 것이다. / 영화관에
We <u>go to</u> go to the movie theater. →

6 그는 / 열 것이다. / 체육관을
He <u>goes to</u> open a gym. →

7 그녀는 / 먹을 것이다. / 저녁을
She <u>was</u> going to eat dinner. →

8 우리는 / 머물 것이다. / 파리에
We <u>are</u> stay in Paris. →

9 그는 / 늦을 것이다. / 그 수업에
He <u>was</u> going to be late for the class. →

10 나는 / 방문할 것이다. / 그 박물관을
I <u>will</u> going to visit the museum. →

Practice

✏️ 주어진 단어를 이용하여 우리말 뜻과 일치하도록 문장을 완성하세요.

1. He / take a picture. / going / to / is   그는 사진을 찍을 것이다.

    → He is going to take a picture.

2. take a nap. / going / I / to / am   나는 낮잠을 잘 것이다.

    → _____

3. eat beef. / going / We / are / to   우리는 소고기를 먹을 것이다.

    → _____

4. watch TV. / We / going / are / to   우리는 TV를 볼 것이다.

    → _____

5. I / go to see a doctor. / to / going / am   나는 진료를 받으러 갈 것이다.

    → _____

6. visit Korea. / We / to / going / are   우리는 한국을 방문할 것이다.

    → _____

7. travel around the world. / to / going / is / She   그녀는 전 세계를 여행할 것이다.

    → _____

8. They / are / to / going / read books.   그들은 책을 읽을 것이다.

    → _____

 서술형 맛보기

🔍 빈칸에 공통으로 들어갈 말을 쓰세요.

> He is _____ clean his room.
>
> We are _____ come back here tomorrow.

→ _____

미래형의 부정문과 의문문

미래형의 부정문과 의문문의 형태

미래형의 **부정문**과 **의문문**은 다음과 같이 구별할 수 있어요.

부정문	주어	will + **not** + 동사원형 ~.	~하지 않을 것이다.
	주어	be동사 + **not** + going to + 동사원형 ~.	
의문문	**Will**	주어 + 동사원형 ~?	~할 거니?
	Be동사	주어 + going to + 동사원형 ~?	

미래형의 부정문과 의문문

1. 미래형의 부정문

'~하지 않을 것이다, ~하지 않을 예정이다'라는 뜻으로, 앞으로 일어나지 않을 일을 나타낼 때 사용해요.

We	**will not**	go out tonight.	우리는 오늘 밤 밖에 나가지 않을 것이다.
It	**is not going to**	snow.	눈이 오지 않을 것이다.

※ will not은 won't로 줄여서 써요.

He **will not / won't** buy a new car. 그는 새 차를 사지 않을 것이다.

2. 미래형의 의문문

'~할 거니?'라는 뜻으로, 〈**Will** + 주어 + 동사원형 ~? / **Be동사** + 주어 + **going to** + 동사원형 ~?〉
로 써요.

will 의문문	She will take the subway.	그녀는 지하철을 탈 것이다.
	Will she take the subway?	그녀는 지하철을 탈 거니?
be going to 의문문	You are going to marry her.	너는 그녀와 결혼할 것이다.
	Are you going to marry her?	너는 그녀와 결혼할 거니?

※ 미래형의 의문문에 대한 대답은 Yes/No로 해요.

의문문	긍정의 대답	부정의 대답
will 의문문	Yes, 주어 + will.	No, 주어 + won't.
be going to 의문문	Yes, 주어 + be동사.	No, 주어 + be동사 + not.

A 밑줄 친 부분에 맞는 우리말 뜻을 고르세요.

1. <u>Is</u> he <u>going to</u> run the marathon this year?　☐ 그는 ~을 하고 있니?　☑ 그는 ~을 할 거니?

2. He <u>will not</u> miss the train.　☐ 그는 ~을 하지 않는다.　☐ 그는 ~을 하지 않을 것이다.

3. <u>Will</u> she water the lawn in the afternoon?　☐ 그녀는 ~을 했니?　☐ 그녀는 ~을 할 거니?

4. They <u>are not going to</u> talk about their differences.　☐ ~을 하지 않을 것이다.　☐ ~을 하지 않았다.

5. I <u>will not</u> buy a new motorcycle.　☐ 나는 ~을 하지 않는다.　☐ 나는 ~을 하지 않을 것이다.

6. <u>Will</u> Jon's team travel to another city?　☐ Jon의 팀은 ~를 했니?　☐ Jon의 팀은 ~를 할 거니?

B 빈칸에 들어갈 알맞은 것을 고르세요.

1. _____ it going to be rainy tonight?　☐ Are　☑ Is

2. Are you _____ to take a shower now?　☐ go　☐ going

3. _____ isn't going to wash her dog.　☐ Susan　☐ Jane and Lena

4. Is he going ___ talk about Korean culture?　☐ to　☐ into

5. He _____ not wash your clothes.　☐ will　☐ won't

6. They _____ attend the party.　☐ will be not　☐ won't

7. _____ you return this book by next Tuesday?　☐ Are　☐ Will

8. _____ drink coffee after lunch?　☐ Are they　☐ Are they going to

9. Laura _____ going to go to the library.　☐ will　☐ isn't

✏️ 밑줄 친 단어를 올바르게 고치고 문장을 다시 쓰세요.

1 우리는 / 만나지 않을 것이다. / Jenny를
We're <u>no</u> going to meet Jenny.
→ We're not going to meet Jenny.

2 날씨가 맑을까? / 오후에는
<u>Does</u> it going to be sunny in the afternoon?
→

3 나는 / 키우지 않을 것이다. / 다른 채소들을
I <u>do</u> not going to grow other vegetables.
→

4 그녀와 Tom은 / 되지 않을 것이다. / 좋은 의사가
She and Tom <u>will be not</u> good doctors.
→

5 너는 / 칠할 거니? / 벽을
<u>Do</u> you going to paint the wall?
→

6 너는 / 청소할 거니? / 침실을
Will you <u>cleaning</u> the bedroom?
→

7 그녀는 / 준비할 거니? / 저녁을
Will she <u>prepared</u> dinner?
→

8 그 통학 버스는 / 도착 할 예정이니? / 곧
<u>Was</u> the school bus going to arrive soon?
→

9 나는 / 먹을 것이다. / 단 음식을
I am going to <u>eating</u> sweet food.
→

10 너는 / 살거니? / 꽃을 / 너의 엄마를 위해
Will you <u>bought</u> some flowers for your mom?
→

Practice

✏️ 주어진 단어를 이용하여 우리말 뜻과 일치하도록 문장을 완성하세요.

1.   pay for / Will / the musical tickets? / she   그녀는 뮤지컬 표 값을 지불할 거니?

→ Will she pay for the musical tickets?

2.   early. / will not / Pete / go to bed   Pete는 일찍 잠들지 않을 것이다.

→ _____

3.   tomorrow? / busy / Will / Katie / be   Katie는 내일 바쁘니?

→ _____

4.   you / Will / take / your kids / to the mountain?   너는 아이들을 데리고 산에 갈 거니?

→ _____

5.   not / We're / going to / take a walk.   우리는 산책을 하지 않을 것이다.

→ _____

6.   Sam / buy me / a bike? / Will   Sam이 나에게 자전거를 사줄까?

→ _____

7.   grow corn. / will / He / not   그는 옥수수를 기르지 않을 것이다.

→ _____

8.   are not / go swimming. / We / going to   우리는 수영하러 가지 않을 것이다.

→ _____

서술형 맛보기

🔍 괄호 안의 단어들을 참고하여 우리말을 영어로 바꾸세요.

> Jim : Hey, Lily! 너는 우리와 함께 할 거니? (join, us)
>
> Lily : Sure!

→ _____

1 다음 중 알맞게 짝지어진 것을 고르세요.
① They - is going to ② I - be going to   ③ He - are going to   ④ They - will

[2-4] 다음 빈칸에 들어갈 말로 가장 알맞은 말을 고르세요.

2   I _____ the heavy box for you.

① will lift   ② lifting   ③ is going to lift   ④ are going to lift

3   He _____ go backpacking around Europe.

① am going to   ② is going to   ③ are going to   ④ be going to

4   I _____ going to drink apple juice.

① be not   ② am not   ③ are not   ④ is not

5 다음 중 밑줄 친 부분이 틀린 것을 고르세요.
① Tom isn't going to catch the ball.   ② I am not going to be rude again.
③ Does he going to buy some apples?   ④ Susan will switch on the heater.

6 다음 중 옳은 문장을 고르세요.
① You is going to play soccer today.   ② Sam are going to have lunch soon.
③ Will you taking a nap after lunch?   ④ She won't drink coffee.

[7-8] 다음 빈칸에 공통으로 들어갈 말로 가장 알맞은 말을 고르세요.

7
Charlie and Ron _____ visit their parents.
Mike _____ close the store at 6 o'clock.
The train _____ arrive at the station soon.

① am going to   ② is going to   ③ are going to   ④ will

8
_____ Sam going to use the computer?
Anne _____ going to count the numbers.
Amy _____ going to order cheese cake.

① is   ② will   ③ be   ④ does

9 아래 문장 중 종류가 다른 하나를 고르세요.
① He will make pizza tonight.
② He is going to school.
③ I am going to order an apple pie for lunch.
④ We are going to join the music club.

[10-11] 다음 대화의 빈칸에 들어갈 알맞은 말을 고르세요.

10

Ⓐ Will you play soccer today?
Ⓑ _____

① No, you won't.   ② No, I won't.   ③ Yes, you are.   ④ Yes, I am.

11

Ⓐ _____
Ⓑ Yes, she will.

① Will she take a nap in the afternoon?   ② Will your father make lunch?
③ Is she going to take a taxi?   ④ Will you do me a favor?

진짜 잘 풀리는 서술형

[1-2] 아래 문장을 지시에 따라 바꿔 쓰세요.

1

I will learn Korean. (부정문)

→ _____

2

Sam is going to cut Lily's hair. (의문문)

→ _____

[3-4] 아래의 글을 보고 질문에 답하세요.

Emily's family has a plan. They is going to go to Peru. 그들은 마추 피추를 방문할 것이다. Also, they will eat *ceviche*, a traditional Peruvian dish.

3 괄호 안의 단어를 사용하여 밑줄 친 우리말을 영어로 쓰세요. (visit, Machu Picchu)

→ _____

4 틀린 문장을 찾아 바르게 고치세요.

→ _____

UNIT 5

관사와 some, any, all, every

Part 01 ▸ 관사

Part 02 ▸ some, any, all, every

Part 03 ▸ 관사와 some, any, all, every의 쓰임

실전 TEST

⭐ 관사

아래의 소녀는 강아지 한 마리를 갖고 있어요.

She has a dog.
그녀는 강아지 한 마리를 갖고 있다.

The dog is cute.
그 강아지는 귀엽다.

'다른 강아지가 아닌 위의 소녀가 갖고 있는 바로 그 강아지가 귀엽다.'라고 말할 때처럼, 명사의 뜻을 더 분명하게 해주는 말을 **관사**라고 해요. 관사에는 **정해지지 않은 어떤 것**을 나타내는 **부정관사**와, **명백하게 정해져 있는 것**을 나타내는 **정관사**가 있어요.

⭐ some, any, all, every

He has some bills.
그는 지폐를 조금 갖고 있다.

He doesn't have any coins.
그는 동전을 조금도 갖고 있지 않다.

All children are special.
모든 아이들은 특별하다.

Every child is special.
모든 아이는 특별하다.

some, any, all, every는 모두 명사 앞에 와서 명사의 뜻을 더 뚜렷하게 꾸며주는 말이에요. some과 any 그리고 all과 every는 서로 뜻은 같지만 그 쓰임이 조금씩 달라요.

그럼 지금부터 관사와 some, any, all, every에 대해 알아볼까요?

Part 1 관사

🔍 관사란?

관사는 명사 앞에 붙어서 **그 명사의 의미를 더 분명하게 해주는 말**이에요. 관사에는 **부정관사 a / an**과 **정관사 the**가 있어요.

부정관사 a/an	특별히 **정해지지 않은 '어떤 하나'**라는 의미를 나타내요.
정관사 the	명백하거나 정해져 있는 **'특정한 것'**이라는 의미를 나타내요.

🔍 부정관사 a / an과 정관사 the의 쓰임

1. 부정관사 a / an

셀 수 있는 명사가 단수일 때 쓰며, 고유명사, 셀 수 없는 명사, 명사의 복수형 앞에는 쓸 수 없어요.

명사가 자음으로 시작할 때	**a**	**a** book, **a** pen, **a** red apple, **a** big orange
명사가 모음으로 시작할 때	**an**	**an** apple, **an** egg, **an** orange, **an** old man
명사의 발음이 자음으로 시작할 때	**a**	**a** university (첫 글자 u가 모음이지만 자음으로 발음)
명사의 발음이 모음으로 시작할 때	**an**	**an** hour (첫 글자 h가 자음이지만 모음으로 발음)

2. 정관사 the

'**바로 그 ~**'라는 뜻으로 특정한 어떤 것을 가리킬 때 쓰며, 자음과 모음에 상관없이 다음과 같은 경우에 써요.

처음 말한 것을 다시 말할 때	I have a book. **The** book is interesting.	나는 책 한 권을 갖고 있다. 그 책은 재미있다.	
서로 알고 있는 것을 말할 때	Open **the** window.	(그) 창문을 열어라.	
세상에 하나 밖에 없는 것 앞에	**the** sun 해　　**the** moon 달 **the** Earth 지구　**the** sea 바다		**the** sky 하늘 **the** world 세계
연주를 하는 악기 이름 앞에	play **the** piano 피아노를 치다		play **the** drum 드럼을 치다
위치와 방향 앞에	**the** left 왼쪽　　**the** right 오른쪽 **the** west 서쪽　　**the** top 정상		**the** east 동쪽 **the** end 끝

※ 운동 경기, 식사, 교통수단 앞에는 **the**를 쓰지 않아요. ex) soccer, tennis, breakfast, lunch, by bus, by train

Check

A 빈칸에 들어갈 알맞은 관사를 고르세요.

1. _____ comic book ☑ a ☐ an

2. _____ otter ☐ a ☐ an

3. _____ story ☐ a ☐ an

4. _____ orange ☐ a ☐ an

5. _____ field trip ☐ a ☐ an

6. _____ egg ☐ a ☐ an

B 빈칸에 들어갈 알맞은 관사를 고르세요.

1. _____ Earth is round. ☑ The ☐ An

2. This is _____ artwork. ☐ a ☐ an

3. Grab _____ left backpack. ☐ a ☐ the

4. Can you play _____ piano? ☐ the ☐ a

5. Look to _____ right. ☐ the ☐ a

6. There is _____ cap. ☐ a ☐ an

7. He wants _____ pasta over there. ☐ a ☐ the

8. Do you need _____ pen? ☐ a ☐ an

9. Does he have _____ old eraser? ☐ a ☐ an

✏️ 밑줄 친 단어를 올바르게 고치고 문장을 다시 쓰세요.

1 우리는 / 필요하다. / 양파 한 개가
We need a onion.
→ We need an onion.

2 너는 찾을 수 있니? / 달을
Can you find an moon?
→

3 봐! / 그 기린을 / 저쪽에 있는
Look at a giraffe over there!
→

4 너는 가지고 있니? / 우산 한 개를
Do you have a umbrella?
→

5 그 케이크는 / ~이다. / 매우 단
A cake is very sweet.
→

6 봐라. / 왼쪽을
Look at a left side.
→

7 이것은 / ~이다. / 고대 그리스 상
This is a ancient Greek statue.
→

8 코끼리 한 마리가 / 걸어가고 있다. / 길을 따라서
A elephant is walking along the road.
→

9 우리는 / 친다. / 테니스를
We play the tennis.
→

10 해는 / 뜬다. / 동쪽에서
The sun rises in an east.
→

Practice

✏️ 주어진 단어를 이용하여 우리말 뜻과 일치하도록 문장을 완성하세요.

1.   an honest / Jenny / person. / is   Jenny는 정직한 사람이다.

   → Jenny is an honest person. _____

2.   I / every day. / play / cello / the   나는 매일 첼로를 연주한다.

   → _____

3.   was / Picasso / artist. / an   피카소는 예술가였다.

   → _____

4.   I / one-year-old daughter. / a / have   나에게는 한 살짜리 딸이 있다.

   → _____

5.   buy / an / Did / eggplant? / you   너는 가지 한 개를 샀니?

   → _____

6.   60 minutes. / hour / has / An   1시간은 60분이다.

   → _____

7.   sails / on / He / East Sea. / the   그는 동해에서 항해한다.

   → _____

8.   made / ugly doll. / He / an   그는 못생긴 인형을 만들었다.

   → _____

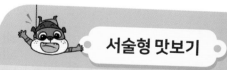

서술형 맛보기

🔍 아래 글의 빈칸에 알맞은 관사(a, an, the)를 넣으세요.

<How to Make Onion Soup>

First, prepare the ingredients. You will need some broth, cheese,

butter, garlic, and _____ onion.

Second, slice the onion and garlic. Then, melt the butter in _____ large pot.

Put the onion slices and garlic into the pot. Add the broth and boil it for 25 minutes.

Finally, put the cheese on _____ top. Now you can eat it!

some, any, all, every란?

some, any, all, every는 명사 앞에 와서 명사의 수나 양이 대략 어느 정도인지 나타내는 말이에요.

some		some books	몇 권의 책
any	+ 명사	any money	약간의 돈
all		all animals	모든 동물들
every		every student	모든 학생

some과 any의 쓰임

1. some과 any

'몇몇의, 약간의'라는 뜻으로, 둘 다 많지 않은 수량을 나타내요. some과 any 뒤에 오는 명사는 셀 수 있는 명사의 복수형과 셀 수 없는 명사가 와야 해요.

some	주로 **긍정문**에 사용하고 '**몇몇의, 약간의**'라는 의미로 권유나 허락을 구하는 **의문문**에도 사용해요.	I have **some** cookies. 나는 쿠키를 조금 가지고 있다. Would you like **some** tea? 차 좀 드실래요?
any	**부정문**에서는 '**조금도 (~없는, ~않는)**'이라는 의미, **의문문**에서는 '**조금이라도, 아무거나**'라는 의미로 쓰여요.	I don't have **any** cookies. 나는 쿠키를 하나도 가지고 있지 않다. Do you have **any** pencils? 너는 연필이 조금(아무거나) 있니?

2. all과 every

둘 다 '**모든 ~**'이라는 뜻이지만, 다음과 같은 차이가 있어요.

all	**all** + 복수명사 **all** + 복수명사가 주어이면 be동사는 **are**, 일반동사는 **동사원형**이, all과 명사 사이에는 **the**나 **소유격**이 와요.	**All** flowers **are** beautiful. 모든 꽃들은 아름답다. **All the/of the** students **learn** English. 모든 학생들은 영어를 배운다.
every	**every** + 단수명사 **every** + 단수명사가 주어이면 be동사는 **is**, 일반동사는 **3인칭 단수형**이 와요.	**Every** flower **is** beautiful. 모든 꽃은 아름답다. **Every** student **learns** English. 모든 학생은 영어를 배운다.

※ all은 시간을 나타내는 명사 앞에서 '(그 기간) 내내'라는 뜻을 나타내요. all day (하루 종일)
　every는 단수명사 앞에서 '매~, ~ 마다'라는 뜻을 나타내요. every day (매일, 날마다)

Check

A 밑줄 친 우리말 뜻과 맞는 것을 고르세요.

1. 그녀는 <u>모든</u> 채소를 좋아한다. ☐ some ☑ all

2. Sue는 펜 <u>몇 개</u>를 샀다. ☐ some ☐ any

3. <u>몇몇</u> 펭귄은 정말 똑똑하다. ☐ any ☐ some

4. 너는 그것들이 <u>전부</u> 필요하니? ☐ all ☐ any

5. 너는 주스가 <u>좀</u> 필요하니? ☐ every ☐ any

6. 케이크 <u>좀</u> 드실래요? ☐ any ☐ some

B 밑줄 친 단어가 알맞게 쓰였으면 ○에 아니면 ×에 표시하세요.

1. Tim has <u>some</u> milk. ☑ ○ ☐ ×

2. Close <u>every</u> door in this room. ☐ ○ ☐ ×

3. Jess has <u>any</u> books. ☐ ○ ☐ ×

4. <u>All</u> students have to bring their pencils. ☐ ○ ☐ ×

5. <u>All</u> animals in the zoo will get hot. ☐ ○ ☐ ×

6. He doesn't eat <u>some</u> carrots. ☐ ○ ☐ ×

7. <u>All</u> staff must attend the swimming class. ☐ ○ ☐ ×

8. I don't like <u>any</u> fruits. ☐ ○ ☐ ×

9. <u>Every</u> child likes me. ☐ ○ ☐ ×

밑줄 친 단어를 올바르게 고치고 문장을 다시 쓰세요.

1 그는 / 닫았다. / 모든 창문들을
He closed <u>every</u> the windows. → He closed all the windows.

2 나의 모든 친구들은 / ~하다. / 친절한
<u>Every</u> my friends are kind. →

3 그는 / 좋아하지 않는다. / 어떤 커피도
He doesn't like <u>some</u> coffee. →

4 모든 아이는 / ~하다. / 귀여운
<u>All</u> child is cute. →

5 우리는 / 먹지 않는다. / 어떤 사탕도
We don't eat <u>all</u> candy. →

6 너는 / 가지고 있니? / 어떤 공책이라도
Do you have <u>some</u> notebooks? →

7 너는 / 알고 있니? / 어떤 의사라도
Do you know <u>some</u> doctors? →

8 몇몇 개미는 / ~하다. / 큰
<u>Any</u> ants are big. →

9 ~이 있다. / 몇몇 사진들이 / 벽에
There are <u>any</u> pictures on the wall. →

10 몇몇 드럼 스틱은 / 너무 두껍다. / 나에게
<u>Any</u> drumsticks are too thick for me. →

주어진 단어를 이용하여 우리말 뜻과 일치하도록 문장을 완성하세요.

1. want / water. / We / some   우리는 물을 조금 원한다.

→ We want some water.

2. don't / have / I / rings. / any   나는 어떤 반지도 갖고 있지 않다.

→ _____

3. some / Would / coffee? / you / like   커피 좀 드시겠어요?

→ _____

4. garage. / put / He / all the books / in the   그는 모든 책들을 차고에 넣었다.

→ _____

5. bought / every flower / She / in the shop.   그녀는 이 가게 안에 있는 모든 꽃을 샀다.

→ _____

6. eat / any / meat? / he / Does   그는 어떤 고기라도 먹니?

→ _____

7. wants / Who / some / beans?   누가 콩을 조금 원하니?

→ _____

8. ate / some / chicken. / We   우리는 치킨을 조금 먹었다.

→ _____

서술형 맛보기

🔍 아래의 긍정문을 의문문으로 바꾸세요.

> You have some puppets.

→ _____

🔍 관사와 some, any, all, every의 형태

관사 a/an, the와 some, any, all, every는 명사 앞에 와서 명사의 뜻을 더 명확하게 꾸며줘요.

The boy is tall.

그 소년은 키가 크다.

I know **all the teachers** in my school.

나는 우리 학교의 **모든 선생님들을** 안다.

🔍 a/an, the, some, any, all, every의 쓰임

1. a/an, some, any, all, every는 모두 셀 수 있는 명사 앞에 쓸 수 있어요.

a / an / every + 셀 수 있는 단수명사	some / any / all + 셀 수 있는 복수명사
a pen	**some** pens
an umbrella	**any** umbrellas
every child	**all** (the) children
I have **a** pen. 나는 펜을 하나 갖고 있다.	I don't have **any** umbrellas. 나는 우산을 하나도 가지고 있지 않다.
Every child is special. 모든 아이는 특별하다.	**All** the children are special. 모든 아이들은 특별하다.

2. a/an, the, some, any, all, every는 문장의 **주어**나 **목적어** 자리에 올 수 있어요.

주어 자리	목적어 자리
A dog is feeding its baby in the picture. 그림에서 개 한 마리가 새끼를 먹이고 있다.	I have **an umbrella**. 나는 한 개의 우산을 갖고 있다.
The kitten is white. 그 새끼 고양이는 하얗다.	She likes **the kitten**. 그녀는 그 새끼 고양이를 좋아한다.
Some classes start at 8. 어떤 수업들은 8시에 시작한다.	I don't have **any money**. 나는 돈을 하나도 가지고 있지 않다.
All the girls like the singer. 모든 소녀들은 그 가수를 좋아한다.	They like **every song** by the singer. 그들은 그 가수의 모든 노래를 좋아한다.

A 밑줄 친 부분에 들어갈 알맞은 말을 고르세요.

1. _____ pencils are long.   ☐ Every   ☑ Some

2. Look at _____ boy!   ☐ the   ☐ some

3. Jeremy and I lost _____ the money.   ☐ all   ☐ a

4. She brings _____ the boxes.   ☐ all   ☐ a

5. Do you have _____ brothers and sisters?   ☐ every   ☐ any

6. Are there _____ eggs?   ☐ an   ☐ any

B 밑줄 친 부분이 문장 속에서 어떤 자리에 있는지 고르세요.

1. He will bring <u>an umbrella</u>.   ☐ 주어   ☑ 목적어

2. <u>Some birds</u> cannot fly.   ☐ 주어   ☐ 목적어

3. I didn't bring <u>any books</u>.   ☐ 주어   ☐ 목적어

4. A white horse eats <u>some carrots</u>.   ☐ 주어   ☐ 목적어

5. <u>Some ants</u> are going to their home.   ☐ 주어   ☐ 목적어

6. <u>Every person</u> has their own gift.   ☐ 주어   ☐ 목적어

7. Did you see <u>the man</u>?   ☐ 주어   ☐ 목적어

8. <u>All flowers</u> are beautiful.   ☐ 주어   ☐ 목적어

9. He ate <u>some cabbage</u>.   ☐ 주어   ☐ 목적어

Drill

밑줄 친 단어를 올바르게 고치고 문장을 다시 쓰세요.

1 모든 집은 / 가지고 있다. / 정원을
<u>All</u> house has a garden.
→ Every house has a garden.

2 몇몇 견과류는 / 나쁘다. / 너의 건강에
<u>Any</u> nuts are bad for your health.
→

3 우리는 / 가지고 있지 않다. / 어떤 수건도
We don't have <u>some</u> towels.
→

4 모든 체육 수업은 / 끝난다. / 오후 2시에
<u>Some</u> P.E. class ends at 2 p.m.
→

5 Jim과 나는 / 먹었다. / 사과 한 개를 / 같이
Jim and I ate <u>a</u> apple together.
→

6 모든 사람들은 / 좋아한다. / 친절한 사람을
<u>Some</u> people like a kind person.
→

7 모든 트럭은 / 여기에 있는 / ~이다. / 나의 것
<u>All</u> truck in here is mine.
→

8 모든 책들은 / ~하다. / 정말 흥미로운
<u>Every</u> books are so interesting.
→

9 나는 / 가지고 있다. / 낙타 몇 마리를
I have <u>any</u> camels.
→

10 너는 / 가지고 있니? / 어떤 말이라도
Do you have <u>all</u> horses?
→

주어진 단어를 이용하여 우리말 뜻과 일치하도록 문장을 완성하세요.

1.　there / tigers / the zoo? / any / Are / in　　동물원에 어떤 호랑이라도 있니?

　→ Are there any tigers in the zoo? _____

2.　He / some concert tickets. / has　　그가 콘서트 표 몇 장을 갖고 있다.

　→ _____

3.　some milk / in / There / is / the jug.　　우유가 단지 안에 조금 있다.

　→ _____

4.　There / any / aren't / biscuits.　　과자가 하나도 있지 않다.

　→ _____

5.　some / in the classroom. / There are / students　　학생 몇 명이 교실 안에 있다.

　→ _____

6.　You / can take / CDs. / some　　너는 CD 몇 장을 가져가도 된다.

　→ _____

7.　Dad / yesterday. / cooked / some rice / for lunch　　아빠가 어제 점심 밥을 했다.

　→ _____

8.　They / all the bicycles / put / in the garage.　　그들은 모든 자전거들을 차고에 넣었다.

　→ _____

서술형 맛보기

밑줄 친 부분을 어법상 올바르게 바꾸어 문장을 다시 쓰세요.

Every <u>children</u> likes toys.　→ _____

He lost some <u>pen</u>.　　　　→ _____

83

1 다음 중 관사의 사용이 옳은 것을 고르세요.
 ① a sun ② an ox ③ an Earth ④ an man

2 다음 중 밑줄 친 말이 올바른 것을 고르세요.
 ① Roses are a flower. ② He is a busy reporter.
 ③ They are an engineers. ④ It is every eggplant.

[3-5] 다음 빈칸에 들어갈 말로 가장 알맞은 말을 고르세요.

3 _____ people must turn off their cell phones on the airplane.

 ① A ② Every ③ An ④ All

4 That is _____ expensive necklace.

 ① an ② a ③ all ④ every

5 The sun rises in _____ east.

 ① a ② all ③ an ④ the

6 밑줄 친 관사의 쓰임이 틀린 것을 고르세요.
 ① The moon moves around the Earth. ② The woman is at the park.
 ③ My father is a policeman. ④ They have a dinner at 6 p.m.

7 다음 문장 중 어법상 틀린 것을 고르세요.
 ① every time ② all boys ③ all oranges ④ every days

8 다음 중 밑줄 친 부분이 틀린 것을 고르세요.
 ① Let's go to the sea! ② There are lots of stars in the sky.
 ③ Did he play a guitar? ④ You can find the building on the left.

[9-10] 다음 빈칸에 공통으로 들어갈 말로 가장 알맞은 말을 고르세요.

9

She cut all _____ mangoes.
I am looking in _____ mirror.
She is the oldest person in _____ world.

① the   ② an   ③ a   ④ every

10

I will come back in _____ hour.
He is just _____ ordinary man.
He is buying _____ ice cream.

① a   ② the   ③ an   ④ every

11 다음 빈칸에 들어갈 말이 순서대로 바르게 짝지어진 것을 고르세요.

She is _____ only nurse in this hospital.
_____ student must buy a uniform before the semester.

① an- Every   ② an- All   ③ the- Every   ④ the- All

진짜 잘 풀리는 서술형

[1-2] 아래 문장에서 틀린 부분을 찾아 바르게 고치세요.

1

The Incheon Airport is the largest airport in Korea.

→ _____

2

She put a cherry on top of the ice cream.

→ _____

[3-4] 괄호 안의 단어를 사용하여, 다음을 올바른 영어 문장으로 바꾸세요.

3

(blew, every) 그는 모든 풍선을 불었다.

→ _____

4

(look at) 그 사진을 봐라!

→ _____

UNIT 6

to부정사와 동명사

실전 TEST

⭐ to부정사

여기 영웅이 되고 싶어 하는 아이들이 있어요.

To become a hero is my dream.
영웅이 되는 것은 내 꿈이다.

I want **to become** a hero.
나는 영웅이 되기를 원한다.

그런데 영웅이 되고 싶다(become)는 말을 두 사람이 다르게 하고 있어요. 바로 동사원형 앞에 to를 붙여서 문장에서 동사가 아닌 명사처럼 사용하고 있어요. 이와 같이 〈**to + 동사원형**〉을 **to부정사**라고 해요. **to부정사**는 문장에서 **주어**, **목적어**, **보어**로 쓸 수 있어요.

⭐ 동명사

Swimming is good exercise.
수영은 좋은 운동이다.

She enjoys **reading**.
그녀는 독서를 즐긴다.

또한, 동사원형에 -ing를 붙인 〈**동사원형 + -ing**〉도 동사를 명사처럼 바꿔서 사용할 수 있는데 이를 **동명사** 라고 해요. **동명사**도 문장에서 **주어**, **목적어**, **보어**로 쓸 수 있어요.

그럼 지금부터 to부정사와 동명사에 대해 알아볼까요?

명사처럼 쓰이는 to부정사

to부정사란?

to부정사는 동사원형에 to를 붙여서 문장에서 **동사가 아닌 다른 품사의 역할**을 하는 것이에요.

to + 동사원형	**to tell** a lie	거짓**말을 하는 것** (명사)
	a book **to read**	**읽을** 책 (형용사)
	to pass the exam	시험을 **통과하기 위해** (부사)

to부정사의 명사적 용법

1. to부정사

'**~하는 것**'이라는 의미로 **주어**의 역할을 해요. 이 경우에 보통 주어 자리에 **가짜 주어(가주어) it**을 쓰고 **진짜 주어(진주어) to부정사**를 뒤로 보내요.

To play the guitar is fun.
　　주어

→ **It** is fun **to play** the guitar.
　가주어　　　　　진주어

To tell a lie is bad.
　　주어

→ **It** is bad **to tell** a lie.
　가주어　　　　진주어

※ 가주어 it은 주어가 길거나 복잡해지는 것을 피하기 위해 진짜 주어인 **to부정사**를 뒤로 보내고 비어 있는 주어 자리를 채워주는 것이기 때문에 해석은 하지 않아요.

2. to부정사는 동사의 **목적어**와 주어의 성질, 상태 등을 보충 설명하는 **보어**의 역할을 해요.

목적어 역할	'**~하는 것을, ~ 하기를**'이라는 의미예요. **to부정사**를 목적어로 쓰는 동사 : **want** (원하다)　　**like** (좋아하다) **hope** (희망하다)　**need** (필요하다) **decide** (결심하다)　**plan** (계획하다) 등	They want **to go** to the zoo. 그들은 동물원에 **가기를** 원한다. I like **to play** baseball. 나는 야구 **하는 것을** 좋아한다.
보어 역할	'**~하는 것이다**'라는 의미로 주어의 성질, 상태 등을 보충 설명해요.	My dream is **to become** a writer. 내 꿈은 작가가 **되는 것이다.** My goal is **to learn** Chinese. 내 목표는 중국어를 **배우는 것이다.**

A 밑줄 친 부분을 올바르게 해석한 것을 고르세요.

1. Would you like <u>something to drink</u>? ☐ 마시기 위해 ☑ 마실 것

2. He walked toward me <u>to tell the truth</u>. ☐ 진실을 말하기 위해 ☐ 진실을 말하는 것

3. He practices singing <u>to win the competition</u>. ☐ 대회에서 우승하는 것 ☐ 대회에서 우승하기 위해

4. He likes <u>to read books</u> under the tree. ☐ 책을 읽는 것 ☐ 책을 읽기 위해

5. It is difficult <u>to drive a car</u>. ☐ 운전할 차 ☐ 차를 운전하는 것

6. It is so much fun <u>to go on the rides</u>. ☐ 탈 놀이 기구 ☐ 놀이 기구를 타는 것

B 밑줄 친 to부정사가 명사적 용법 중 어떤 역할을 하는지 고르세요.

1. They decided <u>to dine out</u>. ☐ 주어 ☑ 목적어

2. It is very hard <u>to sing in front of many people</u>. ☐ 보어 ☐ 주어

3. I don't like <u>to meet impolite people</u>. ☐ 목적어 ☐ 주어

4. He wants <u>to buy the expensive car</u>. ☐ 목적어 ☐ 보어

5. <u>To exercise every day</u> is good for your health. ☐ 주어 ☐ 보어

6. We plan <u>to go to England</u>. ☐ 보어 ☐ 목적어

7. Finally, they decided <u>to rent the house</u>. ☐ 보어 ☐ 목적어

8. They love <u>to watch horror movies</u>. ☐ 목적어 ☐ 주어

9. <u>To paint</u> is one of her hobbies. ☐ 보어 ☐ 주어

✏️ 밑줄 친 단어를 올바르게 고치고 문장을 다시 쓰세요.

1

그는 / 좋아한다. / 사진 찍는 것을

He loves <u>take</u> pictures.

→ He loves to take pictures.

2

반갑다. / 만나 / 너를

It's nice <u>meet</u> you.

→

3

Frank는 / 약속했다. / 나에게 전화하는 것을 / 내일

Frank promised <u>called</u> me tomorrow.

→

4

중요하다. / 듣는 것은 / 주의 깊게

It is important <u>listening</u> carefully.

→

5

나의 이웃은 / 계획한다. / 이사 가는 것을 / 이번 주말에

My neighbor plans <u>moves</u> at the end of this week.

→

6

그는 / 원한다. / 인터뷰 하는 것을 / 팝 가수를

He wants <u>interviewing</u> a pop singer.

→

7

나는 망설이고 있다. / 먹는 것을 / 그 케이크를 / 지금

I am hesitating <u>eating</u> the cake now.

→

8

그녀는 / 동의했다. / 청구서를 지불하는 것을 / 다음 주에

She agreed <u>paid</u> the bill next week.

→

9

재미있다. / 만드는 것은 / 눈사람을

It is fun <u>make</u> a snowman.

→

10

그 아이들은 / 약속했다. / 청소하는 것을 / 그 방을

The children promised <u>clean</u> the room.

→

Practice

✏️ 주어진 단어를 이용하여 우리말 뜻과 일치하도록 문장을 완성하세요.

1. I / to hear / want / happy news.　　　　　나는 행복한 소식을 듣고 싶다.

   → I want to hear happy news.

2. to give / you / They / want / a present.　　그들은 너에게 선물을 주고 싶어 한다.

   → _____

3. dangerous / to walk / behind / It's / cars.　차들 뒤로 걸어 다니는 것은 위험하다.

   → _____

4. expects / to win / He / the swimming competition.　그는 수영 대회에서 우승하는 것을 기대한다.

   → _____

5. We / to buy / need / a new toaster.　　　우리는 새로운 토스터를 사야 한다.

   → _____

6. to pass / hopes / Joe / the math exam.　　Joe는 수학 시험을 통과하길 희망한다.

   → _____

7. wants / to have / Jen / a brother.　　　　Jen은 남동생이 생기길 원한다.

   → _____

8. learns / to speak / Kim / in French.　　　Kim은 프랑스어로 말하는 것을 배운다.

   → _____

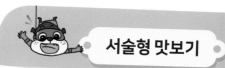

서술형 맛보기

🔍 아래 문장에서 어법상 <u>틀린</u> 곳을 찾아 알맞게 바꾸세요.

> We need eating something.

_____ → _____

🔍 to부정사의 역할

to부정사는 명사 역할 외에도 명사와 문장의 의미를 더 분명하게 해주는 **형용사**와 **부사** 역할도 해요.

to+ 동사원형	I have a car **to sell**. (형용사)	나에게는 **팔** 차가 있다.
	I want something **to eat**. (형용사)	나는 **먹을** 것을 원한다.
	I study hard **to pass** the exam. (부사)	나는 시험을 **통과하기 위해** 열심히 공부한다.
	I'm glad **to see** you. (부사)	나는 너를 **보게 되어서** 기쁘다.

🔍 to부정사의 형용사적 용법과 부사적 용법

1. to부정사의 형용사적 용법

'**~하는, ~할**'이라는 의미로, 형용사처럼 명사와 대명사를 꾸며줘요.

Justin buys a book **to read**.   Justin은 읽을 책 한 권을 산다.

I have something **to say**.   나는 무언가 말할 것이 있다.

2. to부정사의 부사적 용법

부사처럼 동사, 형용사 등을 꾸며주고, **목적, 감정의 원인, 결과** 등의 의미를 나타내요.

목적	'~하기 위해, ~하려고'라는 의미로 목적의 의미를 강조할 때 **in order to** + 동사원형을 써요.	I go to Busan **to visit** my uncle. 나는 삼촌을 **방문하기 위해** 부산에 간다. He tries hard **in order to get** a job. 그는 일자리를 **얻기 위해** 노력한다.
감정의 원인	'~해서, ~하게 되어서'라는 의미예요. 감정을 나타내는 형용사 : **happy** (행복한) **sad** (슬픈) **angry** (화난) **sorry** (미안한)	I'm happy **to work** with you. 나는 너와 **일하게 되어서** 행복하다. I'm sorry **to hear** that. 그 말을 **듣게 되어서** 유감이다.
결과	'(결국) ~하다'라는 의미로 **live** (살다), **wake up** (일어나다), **grow up** (자라다)와 같은 동사와 쓰임	He lived **to be** 100 years old. 그는 100세가 **될 때까지** 살았다. She grew up **to be** a famous singer. 그녀는 자라서 유명한 가수가 **되었다**.

Check

A 밑줄 친 부분을 올바르게 해석한 것을 고르세요.

1. She goes to school by bus to save money. ☑ 돈을 절약하기 위해 ☐ 절약하는 돈

2. Peter has a part-time job to get some extra money. ☐ 여윳돈을 벌기 위해 ☐ 여윳돈을 버는 것

3. My mother is on a diet to get thinner. ☐ 날씬해지는 것 ☐ 날씬해지기 위해

4. He bought something to wear. ☐ 입을 것 ☐ 입을

5. I have a letter to write. ☐ 쓰는 것 ☐ 쓸

6. They have a house to live in. ☐ 살기 위해 ☐ 살

B 밑줄 친 to부정사가 사용된 알맞은 용법을 고르세요.

1. I have a pencil to write with. ☑ 형용사 ☐ 부사

2. He was sad to hear the news. ☐ 형용사 ☐ 부사

3. I grew up to be an interpreter. ☐ 형용사 ☐ 부사

4. I am going to Ireland in order to visit my family. ☐ 형용사 ☐ 부사

5. We were angry to know the problem. ☐ 형용사 ☐ 부사

6. I have many things to talk about. ☐ 형용사 ☐ 부사

7. I am looking for something to eat. ☐ 형용사 ☐ 부사

8. We are happy to meet you! ☐ 형용사 ☐ 부사

9. I am going to the post office to buy some stamps. ☐ 형용사 ☐ 부사

Drill

✏️ 밑줄 친 단어를 올바르게 고치고 문장을 다시 쓰세요.

1 나는 / 갈 예정이다. / 제주도에 / 쉬기 위해
I am going to go to Jeju Island <u>taking</u> a rest.
→ I am going to go to Jeju Island to take a rest.

2 ~(이)가 있다. / 많은 일이 / 해야 할
There is a lot of work <u>doing</u>.
→

3 나는 / 매우 자랑스럽다. / 이 일을 끝내서
I am very proud <u>complete</u> this work.
→

4 우리는 / 기쁘다. / 너를 다시 봐서
We are glad <u>seeing</u> you again.
→

5 Paul은 / 머물렀다. / 학교에 / 그의 숙제를 끝내기 위해
Paul stayed at school <u>finished</u> his homework.
→

6 그녀는 / 기뻤다. / 그녀의 친구를 초대해서 / 그 파티에
She was delighted to <u>invited</u> her friend to the party.
→

7 그는 / 가지고 있지 않다. / 친구들을 / 함께 놀
He doesn't have friends <u>to playing</u> with.
→

8 나는 / 가야 한다. / 지금 / 나의 개에게 밥을 주기 위해
I have to go now <u>feeding</u> my dog.
→

9 Peter는 / 교회에 갔다. / 기도를 하기 위해 / Mary를 위한
Peter went to the church <u>praying</u> for Mary.
→

10 나는 / 필요하다. / 친구가 / 같이 대화할
I need a friend <u>talking</u> with.
→

Practice

주어진 단어를 이용하여 우리말 뜻과 일치하도록 문장을 완성하세요.

1. is studying / She / hard / a surgeon. / to be   그녀는 외과의사가 되기 위해 열심히 공부하고 있다.

    → <u>She is studying hard to be a surgeon.</u>

2. to write with. / need / I / something   나는 글을 쓸 어떤 것이 필요하다.

    → _____

3. Here is / to be sent. / a letter   여기 보낼 편지가 한 개 있다.

    → _____

4. woke up / We / to water the flower garden.   우리는 화단에 물을 주기 위해 일어났다.

    → _____

5. was surprised / Ann / to hear / Peter's voice.   Ann은 Peter의 목소리를 듣고 놀랐다.

    → _____

6. sang the baby / to sleep. / I   나는 아기를 재우기 위해 노래를 불렀다.

    → _____

7. a comfortable bed / to sleep in. / for you / We have   우리는 네가 편안하게 잘 침대를 가지고 있다.

    → _____

8. only one house / to live in. / There was   살 수 있는 집이 오직 한 개뿐이었다.

    → _____

서술형 맛보기

아래 문장에서 어법상 틀린 곳을 찾아 알맞게 바꾸세요.

> We are sad hear the bad news.

_____ → _____

동명사

동명사란?

동명사는 〈**동사원형 + -ing**〉의 형태로 명사의 역할을 하며 문장의 **주어, 목적어, 보어**로 쓰여요.

동사원형 + -ing	**Swimming** is good for your health.	**수영하는 것은** 너의 건강에 좋다. (주어)
	I like **playing** soccer.	나는 **축구 하는 것을** 좋아한다. (목적어)
	My hobby is **singing**.	내 취미는 **노래 부르기이다.** (보어)

동명사의 쓰임

1. 동명사는 '**~하는 것은, ~하기는**'이라는 의미로 **주어 역할**을 해요.

동명사 주어	**Cooking** is difficult. 주어	요리하는 것은 어렵다.
동명사구 주어	**Making new friends** is exciting. 주어	새로운 친구를 사귀는 것은 신난다.

※**동명사구**가 주어일 때에는 be동사 앞에 복수형 명사(friends)가 오더라도 **항상 3인칭 단수로 취급**하여 동사도 **단수형(is)**으로 써요.

2. 동명사도 동사의 **목적어**와 주어의 성질, 상태를 보충 설명하는 **보어**의 역할을 해요.

동사의 목적어 역할	'**~하는 것을, ~하기를**'이라는 의미예요. 동명사를 목적어로 쓰는 동사 : **enjoy** (즐기다), **stop** (멈추다), **finish** (끝내다), **mind** (꺼리다), **keep** (계속하다) 등	They enjoy **taking** walks. 그들은 산책하는 것을 즐긴다. He finished **doing** his homework. 그는 숙제하는 것을 끝마쳤다.
전치사의 목적어 역할	전치사 뒤에 쓰여 전치사의 목적어 역할을 하고 to부정사는 전치사의 목적어 자리에 올 수 없어요.	Thank you for **inviting** me. 나를 초대해줘서 고마워. She is good at **playing** the guitar. 그녀는 기타 연주하는 것을 잘한다.
보어 역할	'**~하는 것이다**'라는 의미로 주어의 성질, 상태 등을 보충 설명해요.	My hobby is **watching** movies. 내 취미는 영화를 보는 것이다. Her job is **repairing** cars. 그녀의 직업은 차를 수리하는 것이다.

Check

A 밑줄 친 부분의 해석으로 올바른 것을 고르세요.

1. Stop <u>working</u> at night. ☑ 일하는 것 ☐ 일하기 위해

2. I love <u>playing</u> with my dad. ☐ 놀기 위해 ☐ 노는 것

3. Kim hates <u>playing</u> golf. ☐ 치는 것 ☐ 치게 되어서

4. <u>Telling</u> a lie won't help anyone. ☐ 말하는 것 ☐ 말하기 위해

5. Everyone dislikes <u>taking</u> exams. ☐ 치르는 것 ☐ 치르게 되어서

6. Do you enjoy <u>making</u> other people angry? ☐ 만드는 ☐ 만드는 것

B 밑줄 친 동명사가 사용된 알맞은 용법을 고르세요.

1. We started <u>looking</u> for a new house. ☑ 동사의 목적어 ☐ 보어

2. Thank you for <u>waiting</u> patiently. ☐ 동사의 목적어 ☐ 전치사의 목적어

3. You need to apologize for <u>being</u> rude. ☐ 전치사의 목적어 ☐ 주어

4. I have great difficulty in <u>finding</u> a good job. ☐ 주어 ☐ 전치사의 목적어

5. Tom keeps <u>talking</u> loudly in class. ☐ 주어 ☐ 동사의 목적어

6. <u>Doing</u> exercise every day is good for your health. ☐ 주어 ☐ 동사의 목적어

7. She is interested in <u>becoming</u> a dentist. ☐ 전치사의 목적어 ☐ 동사의 목적어

8. His job is <u>traveling</u> around the world. ☐ 주어 ☐ 보어

9. I am looking forward to <u>visiting</u> Switzerland. ☐ 주어 ☐ 전치사의 목적어

Drill

밑줄 친 단어를 올바르게 고치고 문장을 다시 쓰세요.

1 그녀는 / 좋아한다. / 씨리얼 먹는 것을 / 아침으로
She loves <u>eat</u> cereal for breakfast.
→ She loves eating cereal for breakfast.

2 그의 아버지는 / 정말 잘한다. / 사진 찍는 것을
His father is really good at <u>take</u> photos.
→

3 그녀의 직업은 / 치우는 것이다. / 거리를
Her job is <u>cleans</u> the street.
→

4 너는 / 좋아하니? / 춤추는 것을
Do you like <u>dance</u>?
→

5 고마워. / 공유해줘서 / 나와 함께
Thanks for <u>share</u> with me.
→

6 나는 / 보통 / 스키 타러 간다. / 주말에
I usually go <u>ski</u> on the weekend.
→

7 그의 취미는 / ~이다. / 테니스를 치는 것
His hobby is <u>play</u> tennis.
→

8 너는 / 살 수 없다. / 비싼 물건을 / 나에게 물어보지 않고
You can't buy expensive things without <u>to ask</u> me.
→

9 내가 가장 좋아하는 운동은 / ~이다. / 말을 타는 것
My favorite sport is <u>rides</u> horses.
→

10 Peter는 / 포기했다. / 고기를 먹는 것을
Peter gave up <u>eat</u> meat.
→

Practice

✏️ 주어진 단어를 이용하여 우리말 뜻과 일치하도록 문장을 완성하세요.

1. cutting down trees. / is / His job   그의 직업은 나무를 베는 것이다.
   → His job is cutting down trees.

2. fun. / is / Cooking   요리하는 것은 재미있다.
   → _____

3. apologized / She / for disturbing / me.   그녀는 나를 방해한 것을 사과했다.
   → _____

4. bad / for my eyes. / Watching / is / TV   TV를 보는 것은 나의 눈에 나쁘다.
   → _____

5. swimming / I / in the sea. / like   나는 바다에서 수영하는 것을 좋아한다.
   → _____

6. is / Eating / important. / lots of vegetables   채소를 많이 먹는 것은 중요하다.
   → _____

7. crossing her legs. / Her habit / is   그녀의 습관은 다리를 꼬는 것이다.
   → _____

8. is tired / so early. / of waking up / He   그는 일찍 일어나는 것에 지쳤다.
   → _____

서술형 맛보기

🔍 아래 문장에서 어법상 틀린 곳을 찾아 알맞게 바꾸세요.

> It will be a really long trip! We don't mind to go there at all.

_____ → _____

1 다음 중 그 역할이 잘못 짝지어진 것을 고르세요.
① 동명사 - 부사 ② to부정사 - 주어 ③ 동명사 - 목적어 ④ to부정사 - 목적어

2 밑줄 친 부분의 쓰임에 대한 설명이 옳은 것을 고르세요.
① 동명사 - 보어 : My hobby is <u>writing</u>.
② 동명사 - 목적어 : <u>Shopping</u> is boring.
③ to부정사 - 목적어 : His dream is <u>to become</u> a singer.
④ to부정사 - 주어 : The kids really like <u>to play</u>.

[3-5] 다음 빈칸에 들어갈 말로 가장 알맞은 말을 고르세요.

3 I wanted _____ how to cook.
① learn ② learning ③ learned ④ to learn

4 He keeps _____ the mountains.
① climb ② climbing ③ climbed ④ to climb

5 I decided _____ dinner this evening.
① cook ② cooking ③ cooked ④ to cook

6 다음 중 밑줄 친 부분이 틀린 것을 고르세요.
① I have a piece of paper <u>to cut</u>. ② My plan is <u>to read</u> my favorite book.
③ They went to the town <u>in to buy</u> new shoes. ④ We live <u>to work</u>.

[7-8] 다음 빈칸에 공통으로 들어갈 말로 가장 알맞은 말을 고르세요.

7 We enjoy _____ on the stage.
_____ makes me feel beautiful.
He is good at _____ .
① dance ② danced ③ to dance ④ dancing

8 He started to _____ studying.
We _____ the concerts.
I didn't _____ eating vegetables.
① decide ② want ③ live ④ enjoy

9 밑줄 친 to부정사 중 종류가 다른 하나를 고르세요.
① I went to the hospital to see a doctor.
② We're trying to sleep.
③ She doesn't like to write a long essay.
④ I want to have a cold drink.

[10-11] 밑줄 친 곳과 같은 용법으로 사용된 것을 고르세요.

10
It is happy to meet you.

① I gave my mom a flower to please her.   ② To water the flowers is easy.
③ He grew up to be a famous athlete.   ④ I didn't like to wash my hair.

11
I am looking forward to seeing you again.

① They finished doing research.   ② Sleeping well is good for your health.
③ I feel like taking a rest.   ④ My job is teaching students.

진짜 잘 풀리는 서술형

[1-2] 우리말 뜻과 일치하도록 주어진 단어를 올바르게 배열하세요.

1
나에게는 신을 양말이 없다.
don't / I / socks / to / have / wear. / any

→ _____

2
채소를 먹는 것은 우리의 몸을 건강하게 한다.
vegetables / makes / Eating / healthy. / our bodies

→ _____

[3-4] 아래 문장에서 어법상 틀린 부분을 찾아 동그라미하고 바르게 고쳐 쓰세요.

3
Humans eat food living.

_____ → _____

4
Her job is takes care of animals.

→ _____

UNIT 7

특별한 동사의 쓰임

Part 01 ▶ 동사 like, want

Part 02 ▶ 감각동사

Part 03 ▶ 수여동사

실전 TEST

⭐ 동사 like, want

아이가 파스타를 맛있게 먹고 있어요.

I want pasta.
나는 파스타를 원한다.

I want to eat pasta.
나는 파스타 먹는 것을 원한다.

그런데 원한다(want)는 말을 다른 표현을 써서 말하고 있어요.
영어는 동사에 따라 문장의 형식이 달라지기 때문에 동사의 쓰임을 정확히 알아야 해요. 동사 **want**와 **like**는 뒤에 명사가 와서 목적어 역할을 해요.

⭐ 감각동사와 수여동사

Your bicycle looks nice.
너의 자전거가 좋아 보인다.

My sister gave me these shoes.
나의 언니가 나에게 이 신발들을 주었다.

또한 모양, 소리, 냄새, 맛, 느낌 등의 감각을 표현하는 동사를 **감각동사**라고 해요. 감각동사는 '~해 보인다, ~처럼 보인다'를 의미해요. 그리고 '~에게 ~을 (해)주다'라는 의미를 가진 동사로, 2개의 목적어를 갖는 동사를 **수여동사**라고 해요.

그럼 지금부터 특별한 동사들에 대해 알아볼까요?

동사 like, want

🔍 동사 like와 want의 형태

like	+ 명사	~을 좋아하다	want	+ 명사	~을 원하다
	+ to부정사	~하기를 좋아하다		+ to부정사	~하기를 원하다
	+ 동명사				

🔍 동사 like와 want의 쓰임

1. 동사 like
뒤에 명사, to부정사, 동명사가 올 수 있으며, '**~을 좋아하다, ~하기를 좋아하다**'라는 의미를 나타내요.

like	+ 명사	~을 좋아하다	He likes animals. 그는 동물을 좋아한다. She likes cherries. 그녀는 체리를 좋아한다.
	+ to부정사	~하기를 좋아하다	I like to sleep. 나는 자는 것을 좋아한다. We like to play tennis. 우리는 테니스 치는 것을 좋아한다.
	+ 동명사		They like studying English. 그들은 영어 공부하는 것을 좋아한다. They like flying kites. 그들은 연 날리는 것을 좋아한다.

2. 동사 want
뒤에 명사나 to부정사가 올 수 있으며, '**~을 원하다, ~하기를 원하다**'라는 의미를 나타내요.

want	+ 명사	~을 원하다	I want some water. 나는 약간의 물을 원한다. I want much money. 나는 많은 돈을 원한다.
	+ to부정사	~하기를 원하다	He wants to talk with me. 그는 나와 이야기하는 것을 원한다. She wants to eat some chocolate. 그녀는 약간의 초콜릿을 먹기를 원한다.

A 빈칸에 들어갈 알맞은 형태를 고르세요.

1. We like _____.   ☑ to dance   ☐ dance

2. They want _____.   ☐ eating something   ☐ to eat something

3. He likes _____.   ☐ that song   ☐ sing a song

4. She likes _____ football.   ☐ play   ☐ playing

5. I don't want to _____ alone.   ☐ be   ☐ being

6. We want _____.   ☐ a new dress   ☐ wearing a dress

B 밑줄 친 우리말 뜻과 맞는 것을 고르세요.

1. 나는 동물을 좋아한다.   ☑ like animals   ☐ want animals

2. 그는 비행기 조종사가 되고 싶어한다.   ☐ want to be   ☐ want being

3. 나는 전 세계를 여행하고 싶다.   ☐ want travel   ☐ want to travel

4. 나는 여행하는 것을 좋아한다.   ☐ like traveling   ☐ like be travel

5. 그녀는 신선한 과일을 원한다.   ☐ want to fruit   ☐ want fresh fruits

6. 우리는 스키 타는 것을 좋아한다.   ☐ like ski   ☐ like to ski

7. 그는 새를 좋아한다.   ☐ likes birds   ☐ likes being bird

8. 나는 사과 몇 개를 원한다.   ☐ want some apples   ☐ want to apples

9. 우리는 농구하는 것을 좋아한다.   ☐ like to play basketball   ☐ like to basketball

✎ 밑줄 친 단어를 올바르게 고치고 문장을 다시 쓰세요.

1 우리는 / 원한다. / 한국 음식을 요리하는 것을
We want <u>cook</u> Korean food.
→ We want to cook Korean food.

2 나는 / 원한다. / 간호사가 되기를
I want <u>being</u> a nurse.
→

3 그녀는 / 원한다. / 새로운 차를
She wants <u>to</u> a new car.
→

4 그는 / 좋아한다. / 피자 먹는 것을 (to부정사 사용)
He likes <u>eat</u> pizza.
→

5 나는 / 좋아한다. / 일기 쓰는 것을 (동명사 사용)
I like <u>write</u> a diary.
→

6 나는 / 원한다. / 자기를
I want <u>sleeping</u>.
→

7 그는 / 좋아한다. / 피자를
He likes <u>to</u> pizza.
→

8 그들은 / 원한다. / 키위를
They want <u>of</u> kiwis.
→

9 그들은 / 원한다. / 물 마시는 것을
They want <u>drinking</u> water.
→

10 그녀는 / 원한다. / 경주용 차를 운전하는 것을
She wants <u>for drive</u> a race car.
→

Practice

주어진 단어를 이용하여 우리말 뜻과 일치하도록 문장을 완성하세요.

1. Do / want / help / me? / to / you 　　　너는 나를 도와주고 싶니?

   → Do you want to help me?

2. in the water. / to play / He / likes 　　　그는 물에서 노는 것을 좋아한다.

   → _____

3. want / to have / I / a Happy Christmas. 　　　나는 크리스마스를 즐겁게 보내고 싶다.

   → _____

4. want / a gift. / I 　　　나는 선물을 원한다.

   → _____

5. like / adventure. / We 　　　우리는 모험을 좋아한다.

   → _____

6. like / seeing / movies. / We 　　　우리는 영화 보는 것을 좋아한다.

   → _____

7. to your music. / I / to listen / want 　　　나는 너의 음악을 듣고 싶다.

   → _____

8. I / rabbits. / like 　　　나는 토끼를 좋아한다.

   → _____

 서술형 맛보기

아래 그림을 보고 틀린 곳을 찾아 바르게 고치세요.

She likes eat fresh vegetables and bread.

_____ → _____

🔍 감각동사란?

감각동사는 모양, 소리, 냄새, 맛, 느낌 등의 감각을 표현하는 말로, '**~해 보이다, ~처럼 보이다**'라는 의미를 나타내요.

feel ~하게 느끼다	+ 형용사	look ~해 보이다	+ 형용사	sound ~하게 들리다	+ 형용사
feel like ~한 느낌이다 ~을 하고 싶다	+ 명사	look like ~처럼 보이다	+ 명사	sound like ~처럼 들리다	+ 명사

🔍 감각동사 + 형용사와 감각동사 + like + 명사

1. 감각동사 + 형용사

감각동사 뒤에는 형용사가 오며 '**~하게 느끼다, ~해 보이다, ~하게 들리다**'라는 의미를 나타내요.

feel + 형용사	~하게 느끼다	I **feel** good today. 나는 오늘 기분이 좋다.
look + 형용사	~해 보이다	He **looks** tired. 그는 피곤해 보인다.
sound + 형용사	~하게 들리다	It **sounds** good. 그것은 좋게 들린다.

2. 감각동사 + like + 명사

감각동사 뒤에는 like + 명사가 와서 '**~한 느낌이다, ~처럼 보이다, ~처럼 들리다**'라는 의미를 나타내요.

feel like + 명사	~한 느낌이다 ~을 하고 싶다	I **feel like** a fool. 나는 바보가 **된** 느낌이 든다. I **feel like** a cup of coffee. 나는 커피 한 잔을 **마시고 싶다**.
look like + 명사	~처럼 보이다	She **looks like** an angel. 그녀는 천사**처럼 보인다**.
sound like + 명사	~처럼 들리다	It **sounds like** a good idea. 그것은 좋은 생각**처럼 들린다**.

A 빈칸에 들어갈 알맞은 말을 고르세요.

1. It _____ good.   ☑ sounds   ☐ sounds like

2. I _____ crying.   ☐ feel   ☐ feel like

3. It _____ a good idea.   ☐ sounds   ☐ sounds like

4. His voice _____ loud.   ☐ sounds   ☐ sounds like

5. She _____ happy.   ☐ looks   ☐ looks like

6. It _____ a giraffe.   ☐ looks   ☐ looks like

B 빈칸에 들어갈 알맞은 말을 고르세요.

1. That song sounds _____.   ☐ like terrible   ☑ terrible

2. That man looks _____.   ☐ like aggressive   ☐ aggressive

3. I feel _____.   ☐ like a fool   ☐ a fool

4. The food looks _____.   ☐ like good   ☐ good

5. This sounds _____.   ☐ like a good idea   ☐ a good idea

6. The guitar sounds _____.   ☐ like good   ☐ good

7. He looks _____.   ☐ like old   ☐ old

8. Your plan sounds _____.   ☐ like perfect   ☐ perfect

9. I feel _____.   ☐ like a giant   ☐ giant

밑줄 친 단어를 올바르게 고치고 문장을 다시 쓰세요.

1 나는 / ~을 하고 싶다. / 하늘을 나는 것
I feel like <u>fly</u> in the sky.
→ I feel like flying in the sky.

2 그것은 / ~처럼 들리다. / 어려운
It sounds <u>difficulty</u>.
→

3 나는 / ~한 느낌이다. / 로봇
I <u>feel</u> a robot.
→

4 그것은 / ~처럼 들리니? / 재미있는
Does it sound <u>like funnily</u>?
→

5 나는 / ~하게 느끼다. / 행복한
I feel <u>happying</u>.
→

6 그것은 / ~하게 들리다. / 재미있는
It sounds <u>like interesting</u>.
→

7 도넛은 / ~처럼 보이다. / 반지
Donuts look <u>rings</u>.
→

8 그것은 / ~하게 들리다. / 조금 무서운
It sounds a bit <u>like scary</u>.
→

9 그것은 / ~처럼 들리다. / 트럼펫
It sounds <u>a trumpet</u>.
→

10 나는 / ~한 느낌이다. / 세상에서 가장 즐거운 여자
I feel <u>the happiest woman</u> in the world.
→

Practice

주어진 단어를 이용하여 우리말 뜻과 일치하도록 문장을 완성하세요.

1. looks / This shell / like / a turtle.　　　이 껍데기는 거북이처럼 보인다.

   → This shell looks like a turtle.

2. looks / The dog / a wolf. / like　　　그 개는 늑대처럼 보인다.

   → _____

3. sounds / The idea / interesting.　　　그 생각은 재미있게 들린다.

   → _____

4. drinking coffee. / I / feel like　　　나는 커피를 마시고 싶다.

   → _____

5. She / beautiful. / looks　　　그녀는 아름답게 보인다.

   → _____

6. I / tired. / feel　　　나는 피로를 느낀다.

   → _____

7. looks / like / This / soft jelly.　　　이것은 부드러운 젤리처럼 보인다.

   → _____

8. looks / good. / He　　　그는 좋아 보인다.

   → _____

서술형 맛보기

아래 조건을 충족하는 문장을 영작하세요.

　　조건1　우리말 뜻: 저 돌은 코끼리처럼 보인다.

　　조건2　사용 단어: rock, elephant

→ _____

수여동사

수여동사란?

수여동사는 '~에게 ~을 (해)주다'라는 의미를 가진 동사로, 2개의 목적어를 가져요.

He	**gave**	me	a ring.	그는 내게 반지를 주었다.
주어	수여동사	간접목적어(~에게)	직접목적어(~을)	

수여동사의 쓰임

1. 수여동사 뒤에는 **<간접목적어 + 직접목적어>**의 순서로 써요.

give (~에게 ~을 주다)	She **gives** him a flower. He **gave** me some money.	그녀는 그에게 꽃 한 송이를 준다. 그는 나에게 돈을 조금 주었다.
buy (~에게 ~을 사주다)	I will **buy** you a smartphone. I **bought** Peter a new camera.	나는 너에게 스마트폰을 사 줄 것이다. 나는 Peter에게 새 카메라를 사줬다.
make (~에게 ~을 만들어 주다)	Dad **makes** me a tree house. She **made** me a snowman.	아빠는 나에게 나무 집을 만들어 준다. 그녀는 내게 눈사람을 만들어 줬다.
send (~에게 ~을 보내다)	He will **send** you a card. I **sent** you an email yesterday.	그는 너에게 카드를 보낼 것이다. 나는 어제 너에게 이메일을 보냈다.
ask (~에게 ~을 묻다)	She will **ask** you a lot of questions. He **asked** me my email address.	그녀는 너에게 많은 질문을 할 것이다. 그는 나에게 이메일 주소를 물었다.

2. **<간접목적어 + 직접목적어>**는 **<직접목적어 + to / for / of + 간접목적어>**로 바꿔 쓸 수 있어요.

to를 쓰는 동사	give, send	She **gives** him a flower. → She **gives** a flower **to** him. I **sent** you an email yesterday. → I **sent** an email **to** you yesterday.
for를 쓰는 동사	buy, make	I **bought** Peter a new camera. → I **bought** a new camera **for** Peter. She **made** me a snowman. → She **made** a snowman **for** me.
of를 쓰는 동사	ask	He **asked** me a favor. → He **asked** a favor **of** me.

Check

A 밑줄 친 부분에 맞는 우리말 뜻을 고르세요.

1. I asked him <u>your address</u>.　□ 너의 주소에게　☑ 너의 주소를

2. She sent <u>him</u> an email.　□ 그에게　□ 그를

3. They made <u>me</u> a doll.　□ 나에게　□ 나를

4. You bought me <u>new crayons</u>.　□ 새 색연필에게　□ 새 색연필을

5. She made <u>me</u> a wooden horse.　□ 나에게　□ 나를

6. He bought me <u>the pants</u>.　□ 바지에게　□ 바지를

B 빈칸에 들어갈 알맞은 말을 고르세요.

1. She gives an old letter _____.　□ me　☑ to me

2. He gave _____ a wedding ring.　□ her　□ to her

3. Did you send me _____?　□ a parcel　□ to a parcel

4. I send _____ to my cousin.　□ some toys　□ for some toys

5. He asked _____ my age.　□ me　□ of me

6. I will ask _____ of her.　□ that　□ for that

7. She bought _____ a new dress.　□ me　□ to me

8. I bought a new hat _____.　□ my daughter　□ for my daughter

9. He will make a cupboard _____.　□ her　□ for her

Drill

밑줄 친 단어를 올바르게 고치고 문장을 다시 쓰세요.

1 그는 / 사줬다. / 나에게 / 음식을
He bought <u>to me</u> some food.
→ He bought me some food.

2 그녀는 / 보냈다. / 나에게 / 연하장을
She sent <u>for me</u> a New Year's card.
→

3 나는 / 만들어 줄 것이다. / 그녀에게 / 새로운 정장을
I will make <u>of her</u> a new suit.
→

4 그는 / 사 줄 것이다. / 콘서트 표를 / 나를 위해
He will buy the concert tickets <u>to me</u>.
→

5 나는 / 줄 것이다. / 그녀에게 / 꽃을
I will give <u>for her</u> a flower.
→

6 사 주세요. / 그 책을 / 나에게
Please buy <u>to the book</u> for me.
→

7 그는 / 산다. / 좋은 선물을 / 나를 위해
He buys a nice present <u>me</u>.
→

8 나는 / 물어봤다. / 그에게 / 이유를
I asked him <u>to the reason</u>.
→

9 그들은 / 물어봤다. / 그것을 / 그녀에게
They asked <u>of that</u> of her.
→

10 그는 / 주었다. / 시가지 지도를 / 나에게
He gave <u>of a street map</u> to me.
→

Practice

✏️ 주어진 단어를 이용하여 우리말 뜻과 일치하도록 문장을 완성하세요.

1. for you. / bought / a painting / I   나는 너를 위해 그림을 샀다.

   → I bought a painting for you.

2. am going to / I / you / a question. / ask   나는 너에게 질문을 할 것이다.

   → _____

3. a postcard / We / sent / to our parents.   우리는 부모님께 엽서를 보냈다.

   → _____

4. I / earrings / for my aunt. / bought   나는 이모에게 귀걸이를 사 줬다.

   → _____

5. will give / some fruits. / They / you   그들은 너에게 과일을 조금 줄 것이다.

   → _____

6. for my baby. / made / I / a mobile   나는 나의 아기에게 모빌을 만들어 줬다.

   → _____

7. a tie. / We / gave / him   우리는 그에게 넥타이를 줬다.

   → _____

8. for a cheesecake recipe. / You / me / asked   너는 나에게 치즈케이크 요리법을 물어봤다.

   → _____

서술형 맛보기

🔍 아래 빈칸에 공통으로 들어 갈 말을 쓰세요.

> • I bought a pizza _____ us.
> • You made a delicious soup _____ me.
> • She is making a pudding _____ us.

→ _____

1 다음 중 동사와 그 명칭이 잘못 짝지어진 것을 고르세요.
① look - 감각동사   ② ask - 수여동사   ③ give - 감각동사   ④ sound - 감각동사

[2-4] 다음 빈칸에 들어갈 말로 가장 알맞은 말을 고르세요.

2
I send them _____ you.

① to   ② of   ③ for   ④ like

3
It sounds _____ a cat's meow.

① to   ② of   ③ for   ④ like

4
I _____ sad today.

① feel   ② feels   ③ feel like   ④ feels like

5 아래 문장 중 종류가 다른 하나를 고르세요.
① Your smartphone looks old.   ② I feel tired.
③ He looks tired.   ④ I bought a bike for my mom.

[6-7] 다음 빈칸에 공통으로 들어갈 말로 가장 알맞은 말을 고르세요.

6
I want _____ live near Hangang River.
They like _____ eat Vietnamese food.
I like _____ run along the river.

① to   ② of   ③ for   ④ like

7
The flower looks _____ a sack.
It sounds _____ a whistle.
I feel _____ resting.

① to   ② of   ③ for   ④ like

8 다음 중 밑줄 친 부분이 틀린 것을 고르세요.
① They gave a bunch of flowers to me.
② He asked a favor for me.
③ I sent a picture to my friend.
④ We made a birthday cake for her.

9 다음 중 틀린 문장을 고르세요.

① I like to talk with people.
② He wanted a new car.
③ She likes to the pop singer.
④ My parents will buy me a car.

10 다음 중 바꿔 쓴 문장이 올바르지 않은 것을 고르세요.

① They made me fresh cookies. → They made fresh cookies for me.
② She bought her mother a bike. → She bought a bike for her mother.
③ A postman gave me a letter. → A postman gave a letter for me.
④ He asked me how to get to the mall. → He asked how to get to the mall of me.

11 다음 대화의 빈칸에 들어갈 알맞은 말을 고르세요.

> ❹ Can you hear that sound?
> ❺ Yes. _____

① It looks good.
② I feel alone.
③ It looks like three flowers.
④ It sounds like a conversation between two people.

진짜 잘 풀리는 서술형

[1-2] 아래 문장을 to, for, of를 사용하여 의미가 같은 문장으로 바꾸세요.

1

She bought her son some children's books.

→ _____

2

I will give him a flight ticket.

→ _____

[3-4] 우리말 뜻을 참고하고 괄호 안의 단어를 활용하여 문장을 완성하세요.

3

우리말 뜻 : 나는 토마토를 먹고 싶다. (eat, tomatoes)

→ _____

4

우리말 뜻 : 나는 우유 한 잔을 마시고 싶다. (feel, a glass of milk)

→ _____

UNIT 8

접속사

Part 01 and, but, or

Part 02 before, after, because, so

Part 03 명령문 + and, 명령문 + or

실전 TEST

⭐ 접속사 and, but, or

여기 두 학생이 사과를 먹고 있어요.

He likes apples. **She likes apples.** = **He and she like apples.**
그는 사과를 좋아한다.　　그녀는 사과를 좋아한다.　　그와 그녀는 사과를 좋아한다.

남학생도 사과를 좋아하고 여학생도 사과를 좋아해요. 'He and she like apples.'에서 and처럼 단어와 단어를 연결해주는 말을 **접속사**라고 해요. 접속사는 **단어와 단어**뿐만 아니라 **구와 구, 문장과 문장**을 연결해 줘요. 접속사에는 **and, but, or** 등이 있어요.

⭐ 명령문 + and, 명령문 + or

Exercise every day, and you'll be healthy.
매일 운동해라. 그러면 너는 건강해질 것이다.

Hurry up, or you'll be late for school.
서둘러라. 그렇지 않으면 너는 학교에 늦을 것이다.

접속사는 명령문과도 함께 쓸 수 있어요. 명령문 뒤에 **and**가 오면 '**~해라. 그러면 ~할 것이다**'라는 뜻을, 명령문 뒤에 **or**이 오면 '**~해라. 그렇지 않으면 ~할 것이다**'라는 뜻을 나타내요.

그럼 지금부터 접속사에 대해 알아볼까요?

접속사란?

접속사는 두 개 이상의 **단어와 단어, 구와 구, 문장과 문장을 연결해주는 말**이에요.

단어, 구, 문장	접속사	단어, 구, 문장
oranges	**and**	apples
in the room	**or**	in the living room
I like winter,	**but**	she likes summer.

※ 접속사로 연결하는 단어나 구, 문장은 형태와 품사가 같아야 해요.

and, but, or의 쓰임

1. and, but, or은 다음과 같은 의미를 나타내요.

and	~와/과, 그리고	I bought some bread **and** milk.	나는 빵과 우유를 조금 샀다.
		He went out **and** made a snowman.	그는 밖으로 나가서 눈사람을 만들었다.
but	~지만, 그러나	He is tall **but** thin.	그는 키가 크지만 말랐다.
		I like pizza, **but** she likes pasta.	나는 피자를 좋아하지만, 그녀는 파스타를 좋아한다.
or	또는	She wants to be an actress **or** a singer.	그녀는 배우나 가수가 되길 원한다.
		Is it a dolphin **or** a whale?	그것은 돌고래니, 아니면 고래니?

2. and, but, or의 쓰임

and	서로 비슷한 내용을 연결할 때 사용	He was hungry **and** thirsty.	그는 배가 고프고 목이 말랐다.
		It is windy **and** cold.	바람이 불고 춥다.
but	서로 반대되는 내용을 연결할 때 사용	It is big **but** cute.	그것은 크지만 귀엽다.
		They were poor **but** happy.	그들은 가난했지만 행복했다.
or	둘 중 하나를 선택할 때 사용	Do you like pizza **or** chicken?	너는 피자를 좋아하니, 치킨을 좋아하니?
		Is this coffee **or** tea?	이것은 커피니, 차니?

※ 세 개 이상의 단어를 연결할 때에는 콤마(,)로 연결하고, 맨 마지막 단어 앞에만 **and**를 써요.

I like apples, bananas, and oranges.   나는 사과, 바나나, 그리고 오렌지를 좋아한다.

Check

A 밑줄 친 우리말 뜻에 알맞은 접속사를 고르세요.

1. 커피<u>와</u> 과자   ☑ and   ☐ but

2. 내 취미는 책 읽기<u>와</u> 음악 감상이다.   ☐ or   ☐ and

3. 그는 그곳에 버스 <u>혹은</u> 비행기를 타고 간다. ☐ or   ☐ but

4. 우리는 친하기는 <u>하지만</u> 같이 살지 않는다. ☐ and   ☐ but

5. 그녀의 아버지<u>와</u> 어머니는 여행을 가셨다.   ☐ and   ☐ or

6. Jon<u>과</u> Mary는 결혼할 예정이다.   ☐ but   ☐ and

B 밑줄 친 접속사가 연결하는 것에 동그라미 하세요.

1. You can't ⟨talk⟩ loud <u>or</u> ⟨run⟩ in the library.

2. He is young, <u>but</u> he can jump high.

3. I joined the drama club, volunteer club, <u>and</u> school band at the same time.

4. The police officer tells people to go <u>or</u> to stop.

5. I want to go to the sea, <u>but</u> he doesn't want to go.

6. Do you feel dizzy <u>or</u> sick?

7. Which one would you prefer, rice <u>or</u> pasta?

8. Jon <u>and</u> I eat together.

9. They were in the room <u>but</u> felt cold.

밑줄 친 단어를 올바르게 고치고 문장을 다시 쓰세요.

1 그녀와 / 나는 / 일한다. / 같은 사무실에서
She <u>or</u> I work at the same office.
→ She and I work at the same office.

2 그는 갖고 있다 / 개를 / 그러나 / 그는 갖고 있지 않다. / 고양이를
He has a dog, <u>and</u> he doesn't have a cat.
→

3 그들은 간다. / 학교에 / 버스로, / 자전거로, / 혹은 걸어서
They go to school by bus, by bike, <u>but</u> on foot.
→

4 Ron은 말한다 / 너무 많이 / 그러나 / 그는 만든다. / 사람들을 / 즐겁게
Ron talks too much, <u>and</u> he makes people laugh.
→

5 우리는 사용한다. / 기름을 / 차에 / 그리고 공장에
We use oil for cars <u>or</u> factories.
→

6 나의 아버지는 / 청소했다. / 욕실, / 침실, / 그리고 부엌을
My dad cleaned the bathroom, bedroom, <u>but</u> kitchen.
→

7 푸들은 ~이다. / 흰색, / 검은색, / 혹은 갈색
Poodles are white, black, <u>and</u> brown.
→

8 그는 ~에 갔다. / 슈퍼마켓 / 그리고 병원 / 어제
He visited the supermarket <u>or</u> hospital yesterday.
→

9 이 컴퓨터는 ~이다. / 작은 / 그러나 빠른
This computer is small <u>and</u> fast.
→

10 나이아가라 폭포는 ~이다 / 매우 넓은 / 그러나 / 그것은 ~가 아니다. / 높은
Niagara Falls is very wide, <u>or</u> it isn't high.
→

Practice

주어진 단어를 이용하여 우리말 뜻과 일치하도록 문장을 완성하세요.

1. traveled to / Germany / and the UK. / He

그는 독일과 영국을 여행했다.

→ He traveled to Germany and the UK.

2. turns / My skin / red / and itchy.

내 피부는 빨갛고 가렵게 변한다.

→ _____

3. and get some fresh air. / Let's / take a walk

산책하고 신선한 공기도 마시자.

→ _____

4. What / do you / to drink, / want / Coke or water?

너는 콜라와 물 중에 무엇을 마시고 싶니?

→ _____

5. This juice / for you, / is not / but / for her.

이 주스는 너를 위한 것이 아니라 그녀를 위한 것이다.

→ _____

6. at the same time. / I can / and watch TV / eat something

나는 무언가를 먹으면서 동시에 TV를 볼 수 있다.

→ _____

7. penguins / Do you like / or fish?

너는 펭귄을 좋아하니, 물고기를 좋아하니?

→ _____

8. She was / but / born in France, / speak French. / she cannot

그녀는 프랑스에서 태어났지만 프랑스어를 할 줄 모른다.

→ _____

서술형 맛보기

and, but, or 중 알맞은 접속사를 사용하여 두 문장을 한 문장으로 만드세요.

- I love to look at paintings.
- He loves to draw pictures.

→ _____ .

🔍 문장과 문장을 연결하는 접속사

before, after, because, so는 **문장과 문장**을 연결하는 역할을 해요.

문장	접속사	문장
I take a shower	**before**	I go to bed.
Mark goes to bed	**after**	he brushes his teeth.
I like him	**because**	he is handsome.
It is summer,	**so**	the weather is hot.

🔍 시간의 전치사의 종류

1. before, after, because, so는 다음과 같은 의미를 나타내요.

before	~하기 전에	I turn off the light **before** I sleep. 나는 자기 전에 불을 끈다.
after	~한 후에	He watches TV **after** he finishes his homework. 그는 숙제를 끝낸 후에 TV를 본다.
because	~때문에	She is at home **because** it is too cold today. 그녀는 집에 있다. 왜냐하면 오늘은 너무 춥기 때문이다.
so	그래서, ~해서	I'm poor, **so** I can't buy the car. 나는 가난하다. 그래서 그 차를 살 수 없다.

2. before, after, because, so의 쓰임

before	시간 관계를 나타낼 때 사용	She cleans her room **before** she goes out. 그녀는 밖에 나가기 전에 그녀의 방을 청소한다.
after	시간 관계를 나타낼 때 사용	He drinks water **after** he exercises. 그는 운동을 한 후에 물을 마신다.
because	원인이나 이유를 나타낼 때 사용	I don't like math **because** it's difficult. 나는 수학을 좋아하지 않는다. 왜냐하면 그것은 어렵기 때문이다.
so	원인과 결과를 나타낼 때 사용	Math is difficult, **so** I don't like it. 수학은 어렵다. 그래서 나는 수학을 좋아하지 않는다.

※ After와 before는 문장 맨 앞에 올 수도 있어요.

After he exercises, he drinks water. / **Because** math is difficult, I don't like it.

Check

A 밑줄 친 우리말에 알맞은 접속사를 고르세요.

1. 수학에는 항상 답이 있다. <u>그래서</u> 나는 수학을 좋아한다. ☑ so ☐ because

2. 그는 커피를 마셨다. <u>왜냐하면</u> 너무 피곤했기 때문이다. ☐ so ☐ because

3. 나는 물을 엎질렀다. <u>그래서</u> 바닥을 닦았다. ☐ so ☐ because

4. 나는 책을 읽고 <u>나서</u> 컴퓨터 게임을 했다. ☐ before ☐ after

5. 나는 음악을 좋아한다. <u>왜냐하면</u> 나를 즐겁게 만들기 때문이다. ☐ so ☐ because

6. 나는 병원에 가기 <u>전에</u> 카페에 갔다. ☐ before ☐ after

B 빈칸에 들어갈 알맞은 말을 고르세요.

1. She went to see a doctor because _____. ☐ she sang a song ☑ she was sick

2. _____ after he passed the exam. ☐ He became a doctor ☐ He wants to be a doctor

3. Why don't you take a shower before _____? ☐ you go to the pool ☐ you take a bath

4. You should brush your teeth after _____. ☐ you sleep ☐ you have lunch

5. _____, so we turn on the air conditioner. ☐ It is so hot today ☐ It is freezing today

6. I got a cold because _____. ☐ it was so warm ☐ it was so freezing

7. _____, so he didn't have dinner. ☐ Tom was hungry ☐ Tom wasn't hungry

8. I can tell you the story after _____. ☐ I don't read a book ☐ I read the book

9. You should do some warm-up exercises before _____. ☐ you wake up ☐ you dive into the water

밑줄 친 단어를 올바르게 고치고 문장을 다시 쓰세요.

1 나는 끝냈다. / 나의 숙제를 / ~하기 전에 / 나는 밖에 나갔다
I finished my homework <u>because</u> I went out.
→ I finished my homework before I went out.

2 내 고양이는 / 배가 고팠다 / 그래서 / 그것은 먹었다. / 생선을
My cat was hungry, <u>because</u> it ate fish.
→

3 새들은 날 수 있다 / 그래서 / 그들은 / 여행할 수 있다. / 먼 거리를
Birds can fly, <u>because</u> they can travel long distances.
→

4 나는 화났다. / 왜냐하면 / 나의 이웃들이 / 시끄러웠다
I was angry <u>so</u> my neighbors were noisy.
→

5 나는 먹는다. / 점심을 / ~한 후에 / 나는 / 닦는다 / 손을
I have lunch <u>before</u> I wash my hands.
→

6 Mary는 졸리다. / 왜냐하면 / 밤 10시이다
Mary is sleepy <u>so</u> it's 10 p.m.
→

7 우리 ~를 하자. / 무언가 / ~하기 전에 / 너무 늦다
Let's do something <u>after</u> it'll be too late.
→

8 나는 가져왔다. / 내 우산을 / 왜냐하면 / 비가 오고 있었다
I took my umbrella <u>so</u> it was raining.
→

9 나는 닦았다. / 그 차를 / ~하기 전에 / 우리 아빠가 / 일어났다
I washed the car <u>after</u> my father got up.
→

10 나는 청소하지 않았다. / 그 방을 / 그래서 / 그것은 / 여전히 더럽다
I didn't clean the room, <u>because</u> it is still messy.
→

Practice

주어진 단어를 이용하여 우리말 뜻과 일치하도록 문장을 완성하세요.

1. I was / because / I / late for school / overslept.

   → I was late for school because I overslept.

   나는 학교에 늦었다. 왜냐하면 늦잠을 잤기 때문이다.

2. play basketball / Let's / all classes / are over. / after

   →

   모든 수업이 끝난 후에 같이 농구를 하자.

3. He / before / went to / the bathroom / he took / the exam.

   →

   그는 시험을 보기 전에 화장실에 갔다.

4. because / he didn't / study. / He / failed / the exam

   →

   그는 시험을 망쳤다. 왜냐하면 공부를 하지 않았기 때문이다.

5. I / go to bed. / brush my teeth / before I

   →

   나는 자기 전에 이를 닦는다.

6. I / because / fell off / careful. / my bicycle / I wasn't

   →

   나는 자전거에서 떨어졌다. 왜냐하면 조심하지 않았기 때문이다.

7. busy, / so / helped me. / They weren't / they

   →

   그들은 바쁘지 않았다. 그래서 나를 도와줬다.

8. after / you swim / Take a ten-minute break / for 50 minutes.

   →

   50분간 수영한 후에 10분간 휴식해라.

서술형 맛보기

because나 so를 사용하여 아래의 문장들을 한 문장으로 만드세요.

- My flight is canceled.
- It's snowy today.

→

명령문이란?

상대방에게 '**～해라/하지 마라**'라고 명령하거나 어떤 행동을 하도록 시키는 문장을 **명령문**이라고 해요.

긍정 명령문	Open		the door.
	열어라.		그 문을
부정 명령문	Don't	open	the door.
	열지 말아라.		그 문을

명령문 + and, 명령문 + or의 쓰임

1. 명령문 + and

명령문 뒤에 and가 오면 '**～해라. 그러면 ～할 것이다**'라는 의미를 나타내요.

명령문 + 쉼표(,)	접속사	주어 + will ～.
Go to bed early, 일찍 자라.	and 그러면	you will get better. 너는 더 좋아질 것이다.
Turn right at the corner, 모퉁이에서 오른쪽으로 돌아라.		you will find the store. 너는 그 가게를 찾을 것이다.

※ 〈**명령문 + and + 명령문**〉 문장은 비슷한 두 개의 상황이나 충고를 연결한 문장으로 '**～해라. 그리고 ～해라.**'라는 의미를 나타내요.

Close the door **and** listen to the music. 문을 닫아라. 그리고 음악을 들어라.

Take this medicine **and** get some rest. 이 약을 먹어라. 그리고 좀 쉬어라.

2. 명령문 + or

명령문 뒤에 or이 오면 '**～해라. 그렇지 않으면 ～할 것이다**'라는 의미를 나타내요.

명령문 + 쉼표(,)	접속사	주어 + will ～.
Hurry up, 서둘러라.	or 그렇지 않으면	you will be late for school. 너는 학교에 늦을 것이다.
Put on your coat, 코트를 입어라.		you will catch a cold. 너는 감기에 걸릴 것이다.

Check

A 밑줄 친 우리말에 알맞은 접속사를 고르세요.

1. 예방 접종을 맞아라. 그렇지 않으면 아플 것이다. ☐ , and ☑ , or

2. 옷을 더 입어라. 그러면 따뜻할 것이다. ☐ , and ☐ , or

3. 밥을 다 먹어라. 그러면 배고프지 않을 것이다. ☐ , and ☐ , or

4. 운동을 해라. 그렇지 않으면 살이 찔 것이다. ☐ , and ☐ , or

5. 병원을 가라. 그러면 나을 것이다. ☐ , and ☐ , or

6. 알람을 맞춰라. 그렇지 않으면 지각을 할 것이다. ☐ , and ☐ , or

B 빈칸에 들어갈 알맞을 말을 고르세요.

1. Walk fast, _____ you'll be late. ☐ and ☑ or

2. Do more exercises, _____ you'll get healthy. ☐ and ☐ or

3. Write a memo, _____ you'll forget it. ☐ and ☐ or

4. Read the book, _____ you'll get more information. ☐ and ☐ or

5. Go to bed early, _____ you'll oversleep. ☐ and ☐ or

6. Give him a snack, _____ he'll be hungry. ☐ and ☐ or

7. Leave now, _____ you'll miss the plane. ☐ and ☐ or

8. Close your eyes for a second, _____ they'll get better. ☐ and ☐ or

9. Stop eating sweets, _____ you'll gain weight. ☐ and ☐ or

밑줄 친 단어를 올바르게 고치고 문장을 다시 쓰세요.

1 가져가라 / 지도를 / 그렇지 않으면 / 너는 / 길을 잃을 것이다.
Bring a map, <u>and</u> you'll get lost.
→ Bring a map, or you'll get lost.

2 도와줘라 / 어려운 사람들을 / 그러면 / 세상은 / 더 나아질 것이다.
Help the poor, <u>or</u> the world will get better.
→

3 낮잠을 자라. / 그러면 / 너는 / 좋아질 것이다.
Take a nap, <u>or</u> you'll be fine.
→

4 그녀와 이야기해라 / 그렇지 않으면 / 너는 / 말다툼을 할 것이다. / 그녀와
Talk with her, <u>and</u> you will argue with her.
→

5 그만 먹어라 / 그렇지 않으면 / 너는 / 가질 것이다. / 심한 복통을
Stop eating, <u>and</u> you'll have a terrible stomachache.
→

6 조심해라 / 그렇지 않으면 / 너는 / 다칠 것이다.
Watch out, <u>and</u> you'll get hurt.
→

7 나중에 전화해라 / 그러면 / 너는 / 통화할 수 있다. / 그녀와
Call back later, <u>or</u> you can talk with her.
→

8 그와 이야기해라 / 그러면 / 그는 / 이해할 것이다. / 너를
Talk with him, <u>or</u> he will understand you.
→

9 노래 좀 틀어라 / 그러면 / 너는 / 신날 것이다.
Play some music, <u>or</u> you'll be excited.
→

10 이 약을 먹어라 / 그러면 / 너는 / 나아질 것이다. / 곧
Take this medicine, <u>or</u> you'll feel better soon.
→

Practice

주어진 단어를 이용하여 우리말 뜻과 일치하도록 문장을 완성하세요.

1.   , or / you'll / Eat / some snacks / get hungry.

   간식을 먹어라. 그렇지 않으면 배가 고플 것이다.

   → <u>Eat some snacks, or you'll get hungry.</u>

2.   you'll / Answer the phone / , and / hear good news.

   전화를 받아라. 그러면 너는 좋은 소식을 들을 것이다.

   → _____

3.   , and / you'll / Make a plan / have a fun vacation.

   계획을 세워라. 그러면 너는 즐거운 휴가를 보낼 것이다.

   → _____

4.   run in the halls / Don't / you'll / , or / bump into / other students.

   복도에서 뛰지 마라. 그렇지 않으면 다른 학생과 부딪힐 것이다.

   → _____

5.   , and / the fire fighters will / come to put out the fire. / Call 119

   119에 신고해라. 그러면 소방관들이 불을 끄러 올 것이다.

   → _____

6.   , or / Do not / you'll / have a big accident. / push others

   다른 사람을 밀지 마라. 그렇지 않으면 큰 사고가 날 것이다.

   → _____

7.   , or / it will / turn off / Charge / your smartphone / in a minute.

   너의 스마트 폰을 충전해라. 그렇지 않으면 곧 꺼질 것이다.

   → _____

8.   her / Ask / first / get the answer. / , and / you'll

   그녀에게 먼저 물어봐라. 그러면 너는 답을 얻을 것이다.

   → _____

서술형 맛보기

아래 문장에서 <u>틀린 곳</u>을 찾아 올바르게 고치세요.

Stop using your smartphone, and you'll get poor eyesight.

→ _____

131

1 다음 중 접속사가 연결하는 것이 <u>잘못된</u> 것을 고르세요.
① He is singing a song <u>but</u> she is sleeping.
② He made <u>a cookie</u> <u>and</u> <u>playing football</u>.
③ <u>Johnny</u> <u>or</u> <u>Sunnie</u>
④ <u>two apples</u> <u>and</u> <u>a pear</u>

[2-4] 다음 빈칸에 들어갈 말로 가장 알맞은 말을 고르세요.

2
You can watch TV _____ you finish your homework.

① before ② after ③ because ④ so

3
She is very tall, _____ she can reach the top of the shelf.

① before ② after ③ because ④ so

4
I grow some herb plants _____ I love to smell them.

① before ② after ③ because ④ so

5 다음 중 접속사가 <u>잘못</u> 쓰인 것을 고르세요.
① I like him, <u>but</u> he doesn't like me.
② I sent a text message to him <u>because</u> we are going to meet today.
③ Stretch your body, <u>and</u> you will get hurt.
④ Prepare milk, flour, <u>and</u> butter.

6 보기의 빈칸에 들어가는 접속사가 쓰인 문장을 고르세요.

보기 | He will take part in the concert tomorrow, _____ he is practicing now.

① Do you want to have cake <u>or</u> cookies?
② I can play the violin, <u>but</u> he can't.
③ Turn off the radio, <u>and</u> you can hear the sounds of nature.
④ She practiced a lot, <u>so</u> she won the competition.

[7-8] 다음 빈칸에 들어갈 말로 가장 알맞은 말을 고르세요.

7
We all love dogs, _____ my parents don't.
He is shy, _____ he loves to sing on stage.
She loves to cook, _____ she doesn't like to eat.

① and ② or ③ but ④ because

8
Put the milk _____ butter into the pot.
Walk fast, _____ you will arrive earlier.
He will visit my house _____ have dinner.

① and ② or ③ but ④ because

9 다음 중 빈칸에 들어갈 접속사가 다른 하나를 고르세요.

① I want to eat pizza _____ steak at the same time!　② Which do you like, ice cream _____ iced tea?

③ Pass me the salt _____ pepper.　④ Water the plants, _____ they will grow well.

[10-11] (A) 와 (B)에 들어갈 알맞을 말을 고르세요.

10 Katie and Ron are best friends. They don't go to the same school, (A) and / but they meet after school. Today, they will play sports together. They are going to choose one, swimming (B) and / or badminton.

	(A)	(B)
①	and	and
②	and	or
③	but	and
④	but	or

11 Today is Jenna's birthday. Her dad had a lot of things to do, (A) so / because he woke up early in the morning. He bought 20 balloons, two cakes, (B) or / and five bottles of juice.

	(A)	(B)
①	so	or
②	so	and
③	because	or
④	because	and

진짜 잘 풀리는 서술형

[1-2] 보기 안의 문장을 알맞은 곳에 쓰세요.

보기
a. or the soup will be spicy
b. and the timer will ring
c. and you will get good grades on the tests

1 Cook the peppers first, _____.

2 Focus on studying, _____.

[3-4] 아래 두 문장을 접속사를 사용하여 하나의 문장으로 만드세요.

3

| · It was sunny yesterday. | · It's windy today. |

→ _____

4

| · Save your money. | · You can buy a new smartphone. |

→ _____

서술형 문제로 개념 잡는
THE GRAMMAR SPY

진짜
초등 영문법 ②

진짜 초등 영문법

2

ANSWER KEY

FOR STUDENT BOOK • WORKBOOK

UNIT 1 be동사의 과거형

Part 1 be동사의 과거형

Check .... p. 9

A
1. 과거형
2. 현재형
3. 과거형
4. 과거형
5. 현재형
6. 현재형

B
1. were
2. were
3. was
4. was
5. was
6. were
7. was
8. were
9. were

Drill p.10

1. She was a professor.
2. Eli and he were farmers.
3. I was an actor.
4. He was 21 years old.
5. The box was under the table.
6. She was in the UK.
7. It was my microwave.
8. She was a photographer.
9. Ben and Chris were in the amusement park.
10. It was windy.

Practice p.11

1. Jen was a chef.
2. I was on Jack's team.
3. My parents were in the home.
4. She was near the restaurant.
5. We were dancers before.
6. He was 20 years old.
7. I was in my room.
8. I was at the library.

● 서술형 맛보기 ●

He was in the dance school.

〈해석〉

오늘 ↙

	월	화	수	목	금
활동	자원봉사	수영	발레	줄넘기	비디오 게임
장소	공원	수영장	댄스 스쿨	공원	집

Part 2 be동사 과거형의 쓰임

Check p.13

A
1. ~에 있었다
2. ~였다
3. ~에 있었다
4. ~였다
5. ~에 있었다
6. ~에 있었다

B
1. last year
2. three years ago
3. yesterday
4. before
5. before
6. an hour ago
7. before
8. yesterday
9. last year

Drill p.14

1. Kevin was very friendly.
2. My classmate were at the party yesterday.
3. She was at the movie theater with her friends.
4. Her friends were really funny.
5. All the students were very kind to me.
6. Jen was in the hospital.
7. I was very sick last week.
8. They were at the mall.
9. His question was difficult.
10. Dan was bored.

Practice p.15

1. My parents were very worried.
2. The book was very interesting.
3. All they toys were quite cheap.
4. Noah was a detective.
5. The house was on the hill.
6. Rick's toy was very expensive.
7. The guests were on time.
8. I was in front of the restaurant.

● 서술형 맛보기 ●

two years ago

〈해석〉

그녀의 이름은 Jenna이다.
그녀는 2년 전에 음악가 였다.
그녀는 키보드를 연주했다.
지금 그녀는 용감한 군인이다.

Part 3 be동사 과거형의 부정문과 의문문

Check ·· p.17

A 1. ～이었니/였니?   2. ～에 있었니?
3. ～(이)가 아니었다.   4. ～에 없었다.
5. ～에 있었니?   6. ～에 없었다.

B 1. Was   2. Were
3. wasn't   4. Were
5. was not   6. were not
7. was not   8. Were
9. Was

Drill ··· p.18

1. There was not a mirror.
2. You were not at home.
3. He was not a doctor.
4. I was not a farmer.
5. Was he in his bedroom?
6. Were your glasses in the drawer?
7. Were you at the gym?
8. My cat was not in the park.
9. Was Jen 16 years old two years ago?
10. Was she rich a few years ago?

Practice ·· p.19

1. Were they late for school?
2. Was she cute?
3. We were not in the same class last year.
4. Were your parents farmers?
5. Were you sick yesterday?
6. She wasn't poor.
7. He was not 10 years old.
8. Tom wasn't at the post office.

● 서술형 맛보기 ●

의문문 → Were our cats in the living room?
우리말 뜻: 우리 고양이들이 거실에 있었니?

실전 TEST   p.20-21

1. ④   2. ②   3. ②   4. ④
5. ④   6. ③   7. ①   8. ①
9. ④   10. ①   11. ③

< 진짜 잘 풀리는 서술형 >
1. isn't → wasn't
2. she was
3. Were Jane and Sun famous singers?
4. There was not/wasn't a bus stop in front of the hospital.

5. ④
[문법요소] be동사의 과거형
[해석]   양배추는 어제 신선하지 않았다.
        이 말들은 작년에 그의 것이 아니었다.
[풀이]   The cabbage가 단수 명사이고 과거를 나타내는 yesterday가 사
        용되었기 때문에 (A)에 알맞은 be동사의 과거 부정형은 wasn't
        예요. Those horses가 복수 명사이고 과거를 나타내는 last year
        가 쓰였기 때문에 (B)에는 weren't가 올 수 있어요.

6. ③
[문법요소] be동사의 과거형
[해석]   ① 그와 그녀는 쇼핑몰에 없었다.
        ② John은 훌륭한 수영선수가 아니었다.
        ③ Benny는 유명한 배우였다.
        ④ Carl은 키가 크지 않다.
[풀이]   ③번이 유일하게 be동사의 과거형 중 긍정문으로 사용됐어요.

10. ①
[문법요소] be동사 과거형의 의문문
[해석]   ① 그녀는 인기있는 무용수였니? ② 너는 침대에 없었다!
        ③ 너와 그는 화났었니?   ④ 그녀는 피곤하지 않았다.
[풀이]   ② wasn't → weren't   ③ Was → Were
        ④ were → was

11. ③
[문법요소] be동사의 과거형
[해석]   Jenna는 농부이다. 그녀는 딸기, 블루베리 그리고 채소 몇 종류를
        기른다. 2년 전에 그녀는 농부가 아니었다. 그녀는 유명한 가수였다.
[풀이]   Jenna는 지금 농부예요. 따라서 ③번이 틀린 문장이예요.

< 진짜 잘 풀리는 서술형 >

1. isn't → wasn't
[문법요소] be동사 과거형의 부정문
[해석]   Jim은 작년에 가장 빠른 육상선수가 아니었다. Carl이 가장 빠른
        선수 였다. 올해는 Jim이 경주에서 가장 빠른 선수이다.
[풀이]   last year라는 과거를 나타내는 말이 들어갔기 때문에 isn't가 아
        니라 wasn't가 사용 되어야 해요.

4. There was not/wasn't a bus stop in front of the hospital.
[문법요소] be동사 과거형의 부정문
[해석]   병원 앞에는 버스정류장이 있었다.
[풀이]   be동사의 과거형인 was를 wasn't 혹은 was not으로 바꾸면 부
        정문이 돼요.

UNIT 2 일반동사의 과거형

Part 1 일반동사의 과거형

Check ·············· p.25

A
1. 불규칙 동사
2. 불규칙 동사
3. 규칙 동사
4. 불규칙 동사
5. 규칙 동사
6. 불규칙 동사

B
1. acted
2. began
3. added
4. baked
5. bit
6. burned
7. waved
8. yelled
9. wrapped

Drill ·············· p.26

1. He arrived at home yesterday.
2. He answered the questions immediately.
3. My father baked many cookies for me.
4. He totally agreed with me.
5. Jessica ate breakfast thirty minutes ago.
6. We had a dog long time ago.
7. He wanted a bunch of flowers.
8. We made a huge paper plane.
9. She wore thick socks.
10. My grandfather liked these songs last year.

Practice ·············· p.27

1. I went to the famous pizza restaurant last week.
2. I found a beehive.
3. He had to clean his room.
4. Jen enjoyed the warm sunshine in spring.
5. She opened her shop last week.
6. Ronald squeezed lemons.
7. Eli stretched her hands forward.
8. He threw a soccer ball to me.

◦ 서술형 맛보기 ◦

He ＿baked＿ a delicious pie.

〈해석〉
🅐 그는 무엇을 했니?
🅑 그는 맛있는 파이를 구웠어.

Part 2 일반동사 과거형의 부정문과 의문문

Check ·············· p.29

A
1. 너는 ~ 했니?
2. 하지 않았다.
3. 그는 ~ 했니?
4. 먹지 않았다.
5. 그녀는 ~했니?
6. 마시지 않았다.

B
1. didn't sleep
2. Did you
3. didn't find
4. didn't join
5. Did he
6. didn't help
7. Did you
8. Did she
9. Did she

Drill ·············· p.30

1. He didn't pack his clothes for the trip.
2. Did he break the window?
3. He didn't vote for Jack.
4. I didn't add sugar to the cake.
5. Did I take a medicine?
6. She didn't tell me.
7. Did you invite him?
8. Did you study last night?
9. Did you yell at him?
10. Your baby didn't cry all day long.

Practice ·············· p.31

1. Did the birthday party begin?
2. He didn't bring his backpack.
3. Did she change her clothes?
4. I didn't copy your homework.
5. She didn't bite into an apple.
6. Did you wipe the table?
7. She didn't go to the park.
8. I didn't turn off the light.

◦ 서술형 맛보기 ◦

Yes, it is. → Yes, it was.

〈해석〉
🅐 어제 비가 내렸니?
🅑 응, 내렸다, 그것이 내가 우비를 입었던 이유다.

Part 3 ▶ be동사와 일반동사 과거형의 구별

Check ·········· p.33

A
1. watched
2. took
3. read
4. was
5. Did he go
6. didn't go

B
1. cooked
2. were
3. went
4. were
5. Was
6. fed
7. Did
8. Was
9. last night

Drill ·········· p.34

1. He ate dinner in the Chinese restaurant
2. He was in the hospital.
3. He and I were 11 years old last year.
4. I cooked in the kitchen.
5. She was not/wasn't angry.
6. He did not/didn't brush his teeth this morning.
7. Did you want to watch TV?
8. Were you at home?
9. It wasn't his bag.
10. Was she rich a few years ago?

Practice ·········· p.35

1. Did Sam meet Liz?
2. He didn't live in Japan.
3. I bought some expensive tea.
4. Did you clean your classroom?
5. My friend rode a bike.
6. He didn't take a picture of us.
7. Did you buy a new lamp?
8. Did you tie a rope?

● 서술형 맛보기 ●

Lena sang a birthday song for Tom.

〈해석〉
6월 4일 월요일
오늘은 나의 생일이다. 내 친구들이 우리 집에 왔다. 우리는 내 생일을 축하했다.
Lena는 나에게 생일 축하 노래를 불러주었다. 또한, 내 친구들은 나에게 선물을 주었다. 정말 즐거웠다!

실전 TEST ·········· p.36-37

1. ③	2. ②	3. ②	4. ③
5. ④	6. ③	7. ③	8. ④
9. ②	10. ④	11. ④	

< 진짜 잘 풀리는 서술형 >
1. I went to the library.
2. Did you have lunch?
3. He didn't have breakfast.
4. Last night, Jess goes to bed late.
→ Last night, Jess went to bed late.

5. ④
[문법요소] 일반동사의 과거형
[해석] ① 그 버스는 정류장에서 멈췄다.
② 나는 당근을 먹으려고 노력했다.
③ 나는 너를 방문하려고 계획했다.
④ 애벌레 한 마리가 나무에 있었다.
[풀이] 모든 문장에 일반동사의 과거형이 쓰였지만 ④번 문장만 be동사의 과거형이 쓰였어요.

8. ④
[문법요소] 일반동사의 과거형
[해석] Ben, Tina그리고 나는 오늘 아침에 쇼핑몰 앞에서 만났다. Tina과 나는 Ben이 조부모님의 선물 사는 것을 도왔다. 그 후에, 우리는 거기에서 점심을 먹었다. 우리는 맛있는 멕시코 음식을 먹었다.
[풀이] 오늘 있었던 일을 서술한 일기예요. 따라서 모두 과거형으로 적어야해요. 따라서 (A)에는 '도움을 주었다'라는 helped가, (B)에는 '먹었다'라는 had를 사용해야 맞아요.

10. ④
[문법요소] 일반동사 과거형과 과거형의 의문문
[해석] 너는 오늘 점심을 먹었니?
그는 어젯밤에 설거지를 했다.
오늘 아침에 나를 봤니?
[풀이] 일반동사 과거형의 의문문은 Did로 시작해요.

11. ④
[문법요소] 일반동사 과거형의 부정문
[해석] 그녀는 택시를 타지 않았다.
나는 그에게 컵을 주지 않았다.
우리는 창문을 닫지 않았다.
[풀이] 빈칸에 들어갈 알맞은 말은 일반동사 과거형의 부정형이예요.

< 진짜 잘 풀리는 서술형 >

3. He didn't have breakfast.
[문법요소] 일반동사 과거형의 부정문
[해석] 지난밤, Jess는 늦게 잠들었다. 그게 바로 그가 오늘 직장에 지각한 이유이다. 그는 아침을 먹지 않았다. 그러는 그는 샤워를 했다. 그 후, 그는 택시를 탔다.
[풀이] 먹다라는 동사 eat은 일반동사여서 didn't를 사용해야 부정문을 만들 수 있어요.

4. Last night, Jess goes to bed late.
→ Last night, Jess went to bed late.
[문법요소] 일반동사의 과거형
[해석] 서술형 3번과 동일
[풀이] 과거를 나타내는 last night이 사용 되어 goes to를 과거형인 went to로 바꿔야 해요.

Part 1 ▶ 동사원형 + -ing 만들기

Check p.41

A
1. reading
2. coming
3. making
4. stopping
5. studying
6. tying

B
1. 현재형
2. 현재진행형
3. 현재형
4. 현재진행형
5. 현재형
6. 현재진행형
7. 현재진행형
8. 현재형
9. 현재진행형

Drill p.42

1. They are playing the violins.
2. He is cooking in the kitchen.
3. She is writing lyrics with a new pen.
4. I am learning about the history of Asia.
5. We are reading books.
6. She is fixing a chair.
7. I am driving now.
8. I am dancing with my friends.
9. I am surfing the Internet.
10. The boy is counting the numbers.

Practice p.43

1. She is taking a picture of me.
2. He is ordering some food.
3. We are eating dinner.
4. She is taking a nap.
5. The baby is drinking milk.
6. I am tying a rope.
7. Her baby is sleeping in the crib.
8. They are riding bikes.

○ 서술형 맛보기 ○

• He is drinking soda.
• He is baking a carrot cake.

Part 2 ▶ 현재진행형과 과거진행형

Check p.45

A
1. 현재진행형
2. 과거진행형
3. 현재진행형
4. 현재진행형
5. 과거진행형
6. 과거진행형

B
1. getting up
2. eating
3. is
4. working
5. was
6. talking
7. is
8. playing
9. cleaning

Drill p.46

1. Gina was passing over the bridge.
2. Mr. Smith is teaching English.
3. A mole is digging a hole.
4. He is frying potatoes.
5. She was driving a truck.
6. She's looking for his house.
7. We were chatting on the phone.
8. We were staying in Paris.
9. The singer is singing now.
10. She was playing tennis.

Practice p.47

1. The baby is laughing.
2. Jim is preparing dinner.
3. The dog was chasing the cat.
4. Dad was setting the table.
5. He was receiving his report card.
6. I was filling the bottle with water.
7. I was planning for next summer vacation.
8. It's raining now.

○ 서술형 맛보기 ○

was having lunch

〈해석〉
1:00 Tom과 점심 식사
3:00 체육관에서 운동
6:00 TV 시청
보기 Kelly는 지금 TV를 보고 있다.

Part 3 ▶ 진행형의 부정문과 의문문

Check ·· p.49

A
1. 그리고 있지 않다.
2. 그녀는 오고 있니?
3. 그녀는 자고 있었니?
4. 하고 있지 않다.
5. 울리고 있었다.
6. 그녀는 노래하고 있니?

B
1. reading
2. now
3. Were
4. catching
5. wasn't
6. Was
7. wasn't
8. coloring
9. Is

Drill ·· p.50

1. Was he listening to you?
2. He isn't swimming in the pool.
3. Were you driving alone?
4. I am pouring water into a bottle.
5. Were you moving the tank?
6. They are playing board games.
7. He is composing a new song.
8. She is preparing the exam now.
9. I was typing at my desk.
10. They were going to the airport.

Practice ·· p.51

1. Was Sam having dinner?
2. I was a riding a horse.
3. Was she looking for the movie ticket?
4. He wasn't hanging out with his friends.
5. My friend was riding a bike.
6. I was buying fruit.
7. My brother is gardening.
8. She is fixing a computer.

● **서술형 맛보기** ●

No, she isn't.

〈해석〉
Ⓐ 3층에 있는 여자는 컵을 만들고 있니?
Ⓑ 아니, 만들고 있지 않다.

실전 TEST
p.52-53

1. ④
2. ②
3. ①
4. ①
5. ③
6. ④
7. ①
8. ②
9. ③
10. ③
11. ②

< 진짜 잘 풀리는 서술형 >
1. was watching → am watching
2. is cook → is cooking
3. Were they singing a song?
4. They are not/aren't studying English.

1. ④
[문법요소] 동사원형 + -ing 만들기
[풀이] cook은 ing만 붙여서 cooking이 돼요.

2. ②
[문법요소] 과거진행형
[해석] 나는 어제 나무 아래에서 책을 읽고 있었다.
[풀이] 일반동사 read가 reading이 되었으니 빈칸에 들어갈 말은 be동사예요. I와 함께 쓸 수 있는 것은 보기 중에는 was밖에 없어요.

9. ③
[문법요소] 진행형의 부정문
[해석] ① 그들은 학교에 가고 있다.
② 나는 내 손을 닦고 있다.
③ 나는 우유를 마신다.
④ 그녀는 신문을 읽고 있다.
[풀이] 현재형이 쓰인 ③번이 정답이예요.

11. ②
[문법요소] 과거진행형
[해석] ① 나는 공원에서 뛰지 않는다.
② 그는 바다에서 수영을 하고 있었다.
③ 그들은 함께 음악을 듣는다.
④ 그녀는 사무실에서 일하고 있다.
[풀이] be동사 과거형 + 동사원형 + -ing가 쓰인 ②가 정답이예요.

< 진짜 잘 풀리는 서술형 >

1. was watching → am watching
[법요소] 현재진행형
[해석] 나는 지금 레스토랑에 있다. 나는 여기에서 직원들을 관찰하고 있다. 요리사는 부엌에 있다. 그녀는 스테이크를 굽고 있다. 웨이터는 손님에게 음식을 나르고 있다.
[풀이] 글쓴이는 지금 레스토랑에 있어요. 따라서 과거진행형이 아닌 현재진행형 am watching을 사용해야 해요.

3. Were they singing a song?
[문법요소] 진행형의 의문문
[해석] 그들은 노래를 부르고 있었니?
[풀이] 진행형의 의문문은 be동사를 맨 앞으로 이동시켜 주면 돼요.

UNIT 4 미래형

Part 1 미래형 will

Check — p.57

A
1. will swim
2. am swimming
3. swam
4. will go to see a movie
5. saw a movie
6. Is he seeing a movie?

B
1. will
2. sell
3. will
4. bend
5. buy
6. will
7. marry
8. show
9. will

Drill — p.58

1. I will be absent tomorrow.
2. I will go to bed at 10 p.m.
3. This computer will translate English.
4. People will control the weather someday.
5. It will be sunny tomorrow.
6. He will be a popular actor.
7. He will have two more grandchildren.
8. We will go camping this weekend.
9. I will have breakfast with my friend tomorrow.
10. June will watch the match tonight.

Practice — p.59

1. We will have a test next week.
2. I will apply for a football team.
3. I will attend the science class.
4. She will arrive tomorrow.
5. He will return the books next Monday
6. He will dig up the rock.
7. She will buy some fabrics.
8. She will dive into the pool.

● 서술형 맛보기 ●

• He will get up at 7 a.m.

〈해석〉
그는 오전 7시에 일어날 것이다.

Part 2 미래형 be going to

Check — p.61

A
1. are going to
2. is going to
3. is going to
4. is going to
5. am going to
6. are going to

B
1. He
2. Jen
3. is
4. to
5. is
6. going
7. going
8. is
9. We

Drill — p.62

1. Ben is going to find a new job.
2. I am going to write an e-mail.
3. He is going to order food soon.
4. I am going to sleep early.
5. We are going to go to the movie theater.
6. He is going to open a gym.
7. She is going to eat dinner.
8. We are going to stay in Paris.
9. He is going to be late for the class.
10. I am going to visit the museum.

Practice — p.63

1. He is going to take a picture.
2. I am going to take a nap.
3. We are going to eat beef.
4. We are going to watch TV.
5. I am going to go to see a doctor.
6. We are going to visit Korea.
7. She is going to travel around the world.
8. They are going to read books.

● 서술형 맛보기 ●

going to

〈해석〉
• 그는 그의 방을 청소할 것이다.
• 우리는 내일 여기에 돌아올 것이다.

Part 3 ▸ 미래형의 부정문과 의문문

Check p.65

A
1. 그는 ~할 거니?
2. 그는 ~을 하지 않을 것이다.
3. 그녀는 ~을 할 거니?
4. ~을 하지 않을 것이다.
5. 나는 ~을 안 할 것이다.
6. Jon의 팀은 ~를 할 거니?

B
1. Is
2. going
3. Susan
4. to
5. will
6. won't
7. Will
8. Are they going to
9. isn't

Drill p.66

1. We're not going to meet Jenny.
2. Is it going to be sunny in the afternoon?
3. I'm not going to grow different vegetables.
4. She and Tom will not/won't be good doctors.
5. Are you going to paint the wall?
6. Will you clean the bedroom?
7. Will she prepare dinner?
8. Is the school bus going to arrive soon?
9. I am going to eat sweet food.
10. Will you buy some flowers for your mom?

Practice p.67

1. Will she pay for the musical tickets?
2. Pete will not go to bed early.
3. Will Katie be busy tomorrow?
4. Will you take your kids to the mountain?
5. We're not going to take a walk.
6. Will Sam buy me a bike?
7. He will not grow corn.
8. We are not going to go swimming.

● 서술형 맛보기 ●

Will you join us?

〈해석〉

Jim : Lily야! 너는 우리와 함께 할 거니?
Lily : 몰론이지!

실전 TEST   p.68-69

1. ④	2. ①	3. ②	4. ②
5. ③	6. ④	7. ④	8. ①
9. ②	10. ②	11. ①	

< 진짜 잘 풀리는 서술형 >
1. I will not/won't learn Korean.
2. Is Sam going to cut Lilly's hair?
3. They will visit Machu Picchu.
4. They is going to go to Peru.
   → They are going to go to Peru.

3. ②
[문법요소] 미래형 be going to
[해석] 그는 유럽 배낭여행을 갈 것이다.
[풀이] He와 함께 쓰이는 미래형 be going to는 is going to예요.

5. ③
[문법요소] 미래형의 의문문
[해석] ① Tom은 공을 잡지 않을 것이다.
② 나는 다시는 무례하게 굴지 않을 것이다.
③ 그는 사과 몇 개를 살 거니?
④ 그녀는 커피를 마시지 않을 것이다.
[풀이] be going to 미래형의 의문문은 be동사로 시작해요.

7. ④
[문법요소] 미래형 will
[해석] Charlie와 Ron은 부모님을 방문할 것이다.
Mike는 6시에 가게 문을 닫을 것이다.
기차가 곧 역에 도착할 것이다.
[풀이] 세 문장의 주어와 모두 쓸 수 있는 미래형은 will이예요.

10. ②
[문법요소] 미래형의 의문문
[해석] A : 오늘 너는 축구를 할거니?
B : 아니. 안할꺼야.
[풀이] 풀이 you로 물어봤으니까 대답은 I로 대답해야 해요.

< 진짜 잘 풀리는 서술형 >

1. I will not/won't learn Korean.
[문법요소] 미래형의 부정문
[해석] 나는 한국어를 배우지 않을거야.
[풀이] will의 부정문은 will not 혹은 won't를 사용해요.

3. They will visit Machu Picchu.
[문법요소] 미래형 will
[해석] Emily의 가족은 계획이 있다. 그들은 페루에 갈 예정이다. 그들은 마추 피추를 방문 할 것이다. 또한 그들은 페루의 전통음식인 세비체를 먹을 것이다.
[풀이] 방문할 예정이니까 will을 사용하여 문장을 만들어요.

UNIT 5 관사와 some, any, all, every

Part 1 ▶ 관사

Check .... p. 73

A 1. a   2. an
3. a   4. an
5. a   6. an

B 1. The   2. an
3. the   4. the
5. the   6. a
7. the   8. a
9. an

Drill p.74

1. We need an onion.
2. Can you find the moon?
3. Look at the giraffe over there!
4. Do you have an umbrella?
5. The cake is very sweet.
6. Look at the left side.
7. This is an ancient Greek statue.
8. An elephant is walking along the road.
9. We play tennis.
10. The sun rises in the east.

Practice p.75

1. Jenny is an honest person.
2. I play the cello every day.
3. Picasso was an artist.
4. I have a one-year-old daughter.
5. Did you buy an eggplant?
6. An hour has 60 minutes.
7. He sails on the East Sea.
8. He made an ugly doll.

● 서술형 맛보기 ●

an, a, the

〈해석〉 〈양파 수프 만드는 법〉
먼저, 재료들을 준비하세요. 약간의 육수, 치즈, 버터, 마늘, 그리고 양파 한 개가 필요해요. 둘째로, 양파와 마늘을 얇게 써세요. 그 다음, 큰 냄비에 버터를 녹이세요. 얇게 썬 양파와 마늘을 냄비에 넣으세요. 육수를 넣고 25분간 끓이세요. 마지막으로 맨 위에 치즈를 얹으세요. 이제 먹을 수 있어요!

Part 2 ▶ some, any, all, every

Check p.77

A 1. all   2. some
3. some   4. all
5. any   6. some

B 1. O   2. O
3. X   4. O
5. O   6. X
7. O   8. O
9. O

Drill p.78

1. He closed all the windows.
2. All my friends are kind.
3. He doesn't like any coffee.
4. Every child is cute.
5. We don't eat any candy.
6. Do you have any notebooks?
7. Do you know any doctors?
8. Some ants are big.
9. There are some pictures on the wall.
10. Some drumsticks are too thick for me.

Practice p.79

1. We want some water.
2. I don't have any rings.
3. Would you like some coffee?
4. He put all the books in the garage.
5. She bought every flower in the shop.
6. Does he eat any meat?
7. Who wants some beans?
8. We ate some chicken.

● 서술형 맛보기 ●

Do you have any puppets?

〈해석〉
너는 몇 개의 꼭두각시 인형을 갖고 있다.

Part 3 ▶ 관사와 some, any, all, every의 쓰임

Check ··· p.81

A
1. Some
2. the
3. all
4. all
5. any
6. any

B
1. 목적어
2. 주어
3. 목적어
4. 목적어
5. 주어
6. 주어
7. 목적어
8. 주어
9. 목적어

Drill ··· p.82

1. Every house has a garden.
2. Some nuts are bad for your health.
3. We don't have any towels.
4. Every P.E. class ends at 2 p.m.
5. Jim and I ate an apple together.
6. All people like a kind person.
7. Every truck in here is mine.
8. All books are so interesting.
9. I have some camels.
10. Do you have any horses?

Practice ·· p.83

1. Are there any tigers in the zoo?
2. He has some concert tickets.
3. There is some milk in the jug.
4. There aren't any biscuits.
5. There are some students in the classroom.
6. You can take some CDs.
7. Dad cooked some rice for lunch yesterday.
8. They put all the bicycles in the garage.

● 서술형 맛보기 ●

• Every child likes toys.
• He lost some pens.

〈해석〉
모든 아이는 장난감을 좋아한다.
그는 몇 개의 펜을 잃어버렸다.

실전 TEST ·· p.84-85

1. ②	2. ②	3. ④	4. ①
5. ④	6. ④	7. ④	8. ③
9. ①	10. ③	11. ③	

< 진짜 잘 풀리는 서술형 >
1. Incheon Airport is the largest airport in Korea.
2. She put a cherry on the top of the ice cream.
3. He blew every balloon.
4. Look at the picture!

1. ②
[문법요소] 관사
[풀이] 세상에 하나밖에 없는 것 앞에는 정관사 the를 써요.
① a sun → the sun
③ an Earth → the Earth
④ an man → a man

7. ④
[문법요소] some, any, all, every
[풀이] all과 every는 둘 다 '모든 ~'이라는 뜻이지만 every는 뒤에 단수명사가 와야해요.
④ every days → every day

11. ③
[문법요소] 관사와 some, any, all, every의 쓰임
[풀이] 첫 번째 문장의 only nurse는 이 병원에서 일하는 유일한 간호사이기 때문에 정관사 the가 필요해요. 두 번째 문장에서 단수인 student는 every와 함께 쓸 수 있어요.

< 진짜 잘 풀리는 서술형 >

1. Incheon Airport is the largest airport in Korea.
[문법요소] 관사
[풀이] Incheon Airport는 고유명사예요. 고유명사 앞에는 부정관사와 정관사 모두 올 수 없어요.

3. He blew every balloon.
[문법요소] some, any, all, every
[풀이] 우리말 문장에서 '모든 풍선'이라고 했고 주어진 단어는 'every'이므로 풍선은 단수 명사인 'balloon'이어야 해요.

UNIT 6 to부정사와 동명사

Part 1 명사처럼 쓰이는 to부정사

Check p.89

A
1. 마실 것
2. 진실을 말하기 위해
3. 대회에서 우승하기 위해
4. 책을 읽는 것
5. 차를 운전하는 것
6. 놀이 기구를 타는 것

B
1. 목적어
2. 주어
3. 목적어
4. 목적어
5. 주어
6. 목적어
7. 목적어
8. 목적어
9. 주어

Drill p.90

1. He loves to take pictures.
2. It's nice to meet you.
3. Frank promised to call me tomorrow.
4. It is important to listen carefully.
5. My neighbor plans to move at the end of this week.
6. He wants to interview a pop singer.
7. I am hesitating to eat the cake now.
8. She agreed to pay the bill next week.
9. It is fun to make a snowman.
10. The children promised to clean the room.

Practice p.91

1. I want to hear happy news.
2. They want to give you a present.
3. It's dangerous to walk behind cars.
4. He expects to win the swimming competition.
5. We need to buy a new toaster.
6. Joe hopes to pass the math exam.
7. Jen wants to have a brother.
8. Kim learns to speak in French.

◦ 서술형 맛보기 ◦

eating → to eat

〈해석〉
우리는 먹을 것이 필요하다.

Part 2 형용사/부사처럼 쓰이는 to부정사

Check p.93

A
1. 돈을 절약하기 위해
2. 여윳돈을 벌기 위해
3. 날씬해 지기 위해
4. 입을
5. 쓸
6. 살

B
1. 형용사
2. 부사
3. 부사
4. 부사
5. 부사
6. 형용사
7. 형용사
8. 형용사
9. 부사

Drill p.94

1. I am going to go to Jeju Island to take a rest.
2. There is a lot of work to do.
3. I am very proud to complete this work.
4. We are glad to see you again.
5. Paul stayed at school to finish his homework.
6. She was delighted to invite her friend to the party.
7. He doesn't have friends to play with.
8. I have to go now to feed my dog.
9. Peter went to the church to pray for Mary.
10. I need a friend to talk with.

Practice p.95

1. She is studying hard to be a surgeon.
2. I need something to write with.
3. Here is a letter to be sent.
4. We woke up to water the flower garden.
5. Ann was surprised to hear Peter's voice.
6. I sang the baby to sleep.
7. We have a comfortable bed for you to sleep in.
8. There was only one house to live in.

◦ 서술형 맛보기 ◦

hear → to hear

〈해석〉
우리는 그 나쁜 소식을 들어서 슬프다.

Part 3 ▶ 동명사

Check ··· p.97

A
1. 일하는 것
2. 노는 것
3. 치는 것
4. 말하는 것
5. 치르는 것
6. 만드는 것

B
1. 동사의 목적어
2. 전치사의 목적어
3. 전치사의 목적어
4. 전치사의 목적어
5. 동사의 목적어
6. 주어
7. 전치사의 목적어
8. 보어
9. 전치사의 목적어

Drill ··· p.98

1. She loves eating cereal for breakfast.
2. His father is really good at taking photos.
3. Her job is cleaning the street.
4. Do you like dancing?
5. Thanks for sharing with me.
6. I usually go skiing on the weekend.
7. His hobby is playing tennis.
8. You can't buy expensive things without asking me.
9. My favorite sport is riding horses.
10. Peter gave up eating meat.

Practice ··· p.99

1. His job is cutting down trees.
2. Cooking is fun.
3. She apologized for disturbing me.
4. Watching TV is bad for my eyes.
5. I like swimming in the sea.
6. Eating lots of vegetables is important.
7. Her habit is crossing her legs.
8. He is tired of waking up so early.

● 서술형 맛보기 ●

to go → going

〈해석〉
정말 긴 여행이 될 것이다!
우리는 거기에 가는 것을 개의치 않는다.

실전 TEST   p.100-101

1. ① 2. ① 3. ④ 4. ②
5. ④ 6. ③ 7. ④ 8. ④
9. ① 10. ② 11. ③

< 진짜 잘 풀리는 서술형 >
1. I don't have any socks to wear.
2. Eating vegetables makes our bodies healthy.
3. living → to live
4. takes → to take/taking

5. ④
[문법요소] 명사처럼 쓰이는 to부정사
[해석] 나는 오늘 저녁에 디저트를 요리하는 것을 결정했다.
[풀이] decide는 to부정사만을 목적어로 쓰는 동사예요. 따라서 to cook이 정답이에요.

8. ④
[문법요소] 동명사
[풀이] 동명사와 명사를 모두 목적어로 쓰는 동사는 enjoy예요.

9. ①
[문법요소] 형용사/부사처럼 쓰이는 to부정사
[풀이] ①의 to see는 '~을 보기 위해'라는 뜻으로 to부정사의 부사적 용법으로 쓰였어요. ②, ③, ④는 모두 '~하는 것을'이라는 뜻으로 to부정사의 명사적 용법으로 쓰였어요.

11. ③
[문법요소] 동명사
[풀이] 보기의 seeing은 앞의 look forward to '~을 기대하다'라는 숙어 뒤에서 to라는 전치사의 목적어 역할을 해요. 따라서 전치사의 목적어 역할을 하는 동명사는 전치사 like 뒤에 쓰인 ③의 taking이에요.

< 진짜 잘 풀리는 서술형 >

1. I don't have any socks to wear.
[문법요소] 형용사/부사처럼 쓰이는 to부정사
[풀이] 우리말 뜻을 보면 '신을 양말'이라고 나와있어요. 양말을 꾸며주는 '신을'은 형용사예요. 따라서 to부정사의 형용사적 용법에 맞게 socks to wear라고 쓰면 돼요.

3. takes → to take/taking
[문법요소] 명사처럼 쓰이는 to부정사, 동명사
[풀이] 명사처럼 쓰이는 to부정사와 동명사는 모두 주어를 보충 설명하는 보어의 역할을 해요. 따라서 to부정사인 to take와 taking이 두 가지가 모두 답이 될 수 있어요.

UNIT 7 특별한 동사의 쓰임

Part 1 ▶ 동사 like, want

Check p.105

A
1. to dance
2. to eat something
3. that song
4. playing
5. be
6. a new dress

B
1. like animals
2. want to be
3. want to travel
4. like traveling
5. want fresh fruits
6. like to ski
7. likes birds
8. want some apples
9. like to play basketball

Drill p.106

1. We want to cook Korean food.
2. I want to be a nurse.
3. She wants a new car.
4. He likes to eat pizza.
5. I like writing a diary.
6. I want to sleep.
7. He likes pizza.
8. They want kiwis.
9. They want to drink water.
10. She wants to drive a race car.

Practice p.107

1. Do you want to help me?
2. He likes to play in the water.
3. I want to have a Happy Christmas.
4. I want a gift.
5. We like adventure.
6. We like seeing movies.
7. I want to listen to your music.
8. I like rabbits.

• 서술형 맛보기 •

• eat → to eat/eating

〈해석〉
그녀는 신선한 채소와 빵을 먹는 것을 좋아한다.

Part 2 ▶ 감각동사

Check p.109

A
1. sounds
2. feel like
3. sounds like
4. sounds
5. looks
6. looks like

B
1. terrible
2. aggressive
3. like a fool
4. good
5. like a good idea
6. good
7. old
8. perfect
9. like a giant

Drill p.110

1. I feel like flying in the sky.
2. It sounds difficult.
3. I feel like a robot.
4. Does it sound like fun?
5. I feel happy.
6. It sounds interesting.
7. Donuts look like rings.
8. It sounds a bit scary.
9. It sounds like a trumpet.
10. I feel like the happiest woman in the world.

Practice p.111

1. This shell looks like a turtle.
2. The dog looks like a wolf.
3. The idea sounds interesting.
4. I feel like drinking coffee.
5. She looks beautiful.
6. I feel tired.
7. This looks like soft jelly.
8. He looks good.

• 서술형 맛보기 •

That rock looks like an elephant.

Part 3 ▶ 수여동사

Check ·· p.113

A 1. 너의 주소를   2. 그에게
3. 나에게   4. 새 색연필을
5. 나에게   6. 바지를

B 1. to me   2. her
3. a parcel   4. some toys
5. me   6. that
7. me   8. for my daughter
9. for her

Drill ·· p.114

1. He bought me some food.
2. She sent me a New Year's card.
3. I will make her a new suit.
4. He will buy the concert tickets for me.
5. I will give her a flower.
6. Please buy the book for me.
7. He buys a nice present for me.
8. I asked him the reason.
9. They asked that of her.
10. He gave a street map to me.

Practice ·· p.115

1. I bought a painting for you.
2. I am going to ask you a question.
3. We sent a postcard to our parents.
4. I bought earrings for my aunt.
5. They will give you some fruits.
6. I made a mobile for my baby.
7. We gave him a tie.
8. You asked me for a cheesecake recipe.

● 서술형 맛보기 ●

for

〈해석〉
• 나는 우리를 위해 피자를 샀다.
• 너는 나를 위해 맛있는 수프를 만들어 줬다.
• 그녀는 우리를 위해 푸딩을 만들고 있다.

실전 TEST   p.116-117

1. ③   2. ①   3. ④   4. ①
5. ④   6. ①   7. ④   8. ②
9. ③   10. ③   11. ④

< 진짜 잘 풀리는 서술형 >
1. She bought some children's books for her son.
2. I will give a flight ticket to him.
3. I want to eat tomatoes.
4. I feel like a glass of milk.

5. ④
[문법요소] 감각동사
[풀이] look, feel은 감각동사로 뒤에 형용사가 와서 '~하게 느끼다', '~해 보이다'라는 의미를 나타내요. ④의 bought는 buy의 과거형으로 '~에게 ~을 사줬다'라는 의미를 나타내는 수여동사예요.

6. ①
[문법요소] 동사 like, want
[풀이] 동사 like와 want는 모두 뒤에 to부정사가 올 수 있어요. 문장에서 빈칸 뒤에 live, eat, run은 모두 동사원형이 왔으므로, 빈칸에 올 수 있는 것은 to예요.

8. ②
[문법요소] 수여동사
[풀이] 보기의 문장은 모두 수여동사 뒤에 직접목적어 + 전치사 + 간접목적어의 순서로 바꿔 쓴 것이에요. ②의 ask와 함께 쓸 수 있는 전치사는 of예요.

10. ③
[문법요소] 수여동사
[풀이] 수여동사 뒤에 직접목적어 + 전치사 + 간접목적어의 순서로 바꿔 쓸 때 give와 함께 쓸 수 있는 전치사는 to예요.

< 진짜 잘 풀리는 서술형 >

1. She bought some children's books for her son.
[문법요소] 수여동사
[해석] 그녀는 그녀의 아들에게 몇 권의 아동도서를 사줬다.
[풀이] 수여동사 뒤에 직접목적어 + 전치사 + 간접목적어의 순서로 바꿔 쓸 때 buy/bought와 함께 쓸 수 있는 전치사는 for예요

4. I feel like a glass of milk.
[문법요소] 감각동사
[풀이] 감각동사 feel은 전치사 like와 함께 쓰여 '~을 하고싶다'라는 뜻으로 쓰여요. 따라서 '우유 한잔을 마시고 싶다'고 할 때는 I feel like a glass of milk.라고 해요.

UNIT 8 접속사

Part 1 and, but, or

Check p.121

A
1. and	2. and
3. or	4. but
5. and	6. and

B
1. talk, run
2. He is young, he can jump high.
3. the drama club, volunteer club, school band
4. to go, to stop.
5. I want to go to the sea, he doesn't want to go.
6. dizzy, sick
7. rice, pasta
8. Jon, I
9. were in the room, felt cold.

Drill p.122

1. She and I work at the same office.
2. He has a dog, but he doesn't have a cat.
3. They go to school by bus, by bike, or on foot.
4. Ron talks too much, but he makes people laugh.
5. We use oil for cars and factories.
6. My dad cleaned the bathroom, bedroom, and kitchen.
7. Poodles are white, black, or brown.
8. He visited the supermarket and hospital yesterday.
9. This computer is small but fast.
10. Niagara Falls is very wide, but it isn't high.

Practice p.123

1. He traveled to Germany and the UK.
2. My skin turns red and itchy.
3. Let's take a walk and get some fresh air.
4. What do you want to drink, Coke or water?
5. This juice is not for you, but for her.
6. I can eat something and watch TV at the same time.
7. Do you like penguins or fish?
8. She was born in France, but she cannot speak French.

● 서술형 맛보기 ●

I love to look at paintings, but he loves to draw pictures.

〈해석〉
• 나는 그림을 보는 것을 좋아한다.
• 그는 그림을 그리는 것을 좋아한다.

Part 2 before, after, because, so

Check p.125

A
1. so	2. because
3. so	4. after
5. because	6. before

B
1. she was sick
2. He became a doctor
3. you go to the pool
4. you have lunch
5. It is so hot today
6. it was so freezing
7. Tom wasn't hungry
8. I read the book
9. you dive into the water

Drill p.126

1. I finished my homework before I went out.
2. My cat was hungry, so it ate fish.
3. Birds can fly, so they can travel long distances.
4. I was angry because my neighbors were noisy.
5. I have lunch after I wash my hands.
6. Mary is sleepy because it's 10 p.m.
7. Let's do something before it'll be too late.
8. I took my umbrella because it was raining.
9. I washed the car before my father got up.
10. I didn't clean the room, so it is still messy.

Practice p.127

1. I was late for school because I overslept.
2. Let's play basketball after all classes are over.
3. He went to the bathroom before he took the exam.
4. He failed the exam because he didn't study.
5. I brush my teeth before I go to bed.
6. I fell off my bicycle because I wasn't careful.
7. They weren't busy, so they helped me.
8. Take a ten-minute break after you swim for 50 minutes

● 서술형 맛보기 ●

My flight is canceled because it's snowy today.
/ It's snowy today, so my flight is canceled.

〈해석〉
• 내 비행기는 취소됐다.
• 오늘은 눈이 온다.

Part 3 ▶ 명령문 + and, 명령문 + or

Check ·· p.129

A
1. , or
2. , and
3. , and
4. , or
5. , and
6. , or

B
1. or
2. and
3. or
4. and
5. or
6. or
7. or
8. and
9. or

Drill ·· p.130

1. Bring a map, or you'll get lost.
2. Help the poor, and the world will get better.
3. Take a nap, and you'll be fine.
4. Talk with her, or you will argue with her.
5. Stop eating, or you'll have a terrible stomachache.
6. Watch out, or you'll get hurt.
7. Call back later, and you can talk with her.
8. Talk with him, and he will understand you.
9. Play some music, and you'll be excited.
10. Take this medicine, and you'll feel better soon.

Practice ·· p.131

1. Eat some snacks, or you'll get hungry.
2. Answer the phone, and you'll hear good news.
3. Make a plan, and you'll have a fun vacation.
4. Don't run in the halls, or you'll bump into other students.
5. Call 119, and the fire fighters will come to put out the fire.
6. Do not push others, or you'll have a big accident.
7. Charge your smartphone, or it will turn off in a minute.
8. Ask her first, and you'll get the answer.

● **서술형 맛보기** ●

Stop using your smartphone, or you'll get poor eyesight.

〈해석〉
스마트폰을 그만 써라. 그러면 너는 시력이 나빠질 것이다.

실전 TEST   p.132-133

1. ②   2. ②   3. ④   4. ③
5. ③   6. ④   7. ③   8. ①
9. ②   10. ④   11. ②

< 진짜 잘 풀리는 서술형 >
1. or the soup will be spicy
2. and you will get good grades on the tests
3. It was sunny yesterday, but it's windy today.
4. Save your money, and you can buy a new smartphone.

5. ③
[문법요소] 명령문 + or
[해석] 너의 몸을 풀어라. 그렇지 않으면 너는 다칠 것이다.
[풀이] '~해라. 그렇지 않으면 ~할 것이다.'라고 할 때 필요한 접속사는 and가 아니고 or이에요.

7. ③
[문법요소] 접속사 but
[해석] 우리는 모두 강아지를 사랑한다. 그러나 나의 부모님은 사랑하지 않는다.
그는 부끄러움이 많다. 그러나 그는 무대에서 노래하는 것을 좋아한다.
그녀는 요리하는 것을 좋아한다. 그러나 그녀는 먹는 것을 좋아하지 않는다.
[풀이] 서로 반대되는 문장을 연결할 때 필요한 접속사는 but이에요.

10. ④
[문법요소] 접속사 so, and
[해석] 오늘은 Jenna의 생일이다. 그녀의 아빠는 할 일이 많았다. 그래서 그는 아침 일찍 일어났다. 그는 풍선 20개, 케이크 2개, 그리고 주스 5병을 샀다.
[풀이] 원인과 결과를 나타낼 때 사용하는 접속사는 so이고, 서로 비슷한 내용을 연결할 때 사용하는 접속사는 and예요.

< 진짜 잘 풀리는 서술형 >

1. and you will get good grades on the tests
[문법요소] 명령문 + and
[해석] 공부에 집중해라. 그러면 너는 시험에서 좋은 성적을 얻을 것이다.
[풀이] '~해라. 그러면 ~할 것이다'라고 할 때 필요한 접속사는 or이 아니고 and예요.

3. It was sunny yesterday, but it's windy today.
[문법요소] 접속사 but
[해석] 어제는 화창했다. 그러나 오늘은 바람이 분다.
[풀이] 어제와 오늘의 날씨가 다르다는 내용의 두 문장을 연결할 때 필요한 접속사는 but이에요.

UNIT 1 be동사의 과거형

Part 1 be동사의 과거형 p.2-3

Writing Practice ❶

1. was a baker
2. was in the room
3. was hungry
4. were mine
5. was his hat
6. were doctors
7. was small
8. were dirty
9. was very glad
10. was very clean

Writing Practice ❷

1. was a bear
2. were five bears
3. was a famous model
4. was a famous model
5. were famous dancers
6. was a famous dancer
7. were short
8. was short
9. were happy
10. were happy

Part 2 be동사 과거형의 쓰임 p.4-5

Writing Practice ❶

1. was clean yesterday
2. was in China two years ago
3. was the tallest building last year
4. was very weak before
5. was ours before
6. were in India yesterday
7. was a ring on the table yesterday
8. was very smart before
9. was angry yesterday
10. were open 10 minutes ago

Writing Practice ❷

1. was 20 years old last year
2. were in our room
3. was in the park
4. was a student last year
5. was a member of the rock band
6. was in the bathroom
7. was a cute boy
8. were in front of the supermarket
9. were at the hospital
10. was at school

Part 3 be동사 과거형의 부정문과 의문문 p.6-7

Writing Practice ❶

1. wasn't happy
2. weren't Mike's friends
3. wasn't a great day
4. wasn't tired yesterday

5. wasn't 30 last year
6. weren't in the museum
7. weren't in Brazil last summer
8. wasn't late
9. wasn't in his backpack
10. wasn't tired

Writing Practice ❷

1. Were, at home
2. Was, surprised
3. Were, born in 2000
4. Was, a student
5. Was, angry last week
6. Was, a policeman
7. Were, busy yesterday
8. Was, late for class
9. Were, born in this city
10. Were, on time

UNIT 2 일반동사의 과거형

Part 1 일반동사의 과거형 p.8-9

Writing Practice ❶

1. worked in the bakery
2. studied together yesterday
3. dropped her cell phone
4. talked to me
5. liked dogs
6. arrived in the morning
7. cried a lot
8. tried to understand me
9. started to scream
10. closed the door

Writing Practice ❷

1. met Jim yesterday
2. read five books yesterday
3. hit a homerun
4. cut the noodles
5. put my hands in the pockets
6. told me about her trip
7. wrote 30 poems last year
8. did the dishes in the morning
9. said the same thing several times
10. ate horse meat

Part 2 일반동사 과거형의 부정문과 의문문 p.10-11

Writing Practice ❶

1. went to Spain

2. didn't go to Spain
3. had curly hair
4. didn't have curly hair
5. gave a car to her
6. didn't give a car to her
7. bought a new pot
8. didn't buy a new pot
9. ran 100 meters
10. didn't run 100 meters

Writing Practice ❷

1. drank milk
2. Did, drink milk
3. came to my birthday party
4. Did, come to my birthday party
5. saw Daniel at the zoo
6. Did, see Daniel at the zoo
7. hurt her feelings
8. Did, hurt her feelings
9. set the amazing record
10. Did, set the amazing record

Part 3 ▶ be동사와 일반동사 과거형의 구별 … p.12-13

Writing Practice ❶

1. was at the train station
2. was busy yesterday
3. learned English
4. went to the subway station
5. were surprised
6. saw Emily at the party
7. was on the roof
8. asked many questions
9. opened his present
10. were in the garden

Writing Practice ❷

1. baked a cake
2. Was, at work yesterday
3. traveled to Spain
4. dropped the cup
5. wasn't correct
6. drove his taxi
7. Are, ready
8. wasn't angry
9. knew all the answers
10. was sick

UNIT 3   현재진행형과 과거진행형

Part 1 ▶ 동사원형 + -ing 만들기 ………… p.14-15

Writing Practice ❶

1. are waiting for you
2. is working in Italy now
3. is standing on the table
4. is expanding
5. is teaching math
6. are going to the local park
7. is skateboarding
8. is watching TV
9. is eating dinner
10. am thinking now

Writing Practice ❷

1. is lying on the grass
2. are running
3. is doing the dishes
4. is reading a book
5. is coming now
6. is walking in the garden
7. is fixing his car
8. am tying the ship to the post
9. am giving him a helping hand
10. are cutting the wedding cake

Part 2 ▶ 현재진행형과 과거진행형 ……………… p.16-17

Writing Practice ❶

1. are playing basketball
2. is crying
3. is taking a nap
4. are jumping on the bed
5. is brushing his teeth
6. am taking a photo
7. are fishing in the pond
8. is walking his dog
9. are eating a sandwich
10. are playing hide-and-seek

Writing Practice ❷

1. was studying math
2. was using my pen
3. was going to the movie theater
4. was playing the violin
5. were playing rugby
6. was sleeping at 10 p.m.
7. was doing my homework
8. were having breakfast

9. was cutting a tree
10. was knitting

Part 3 진행형의 부정문과 의문문 ·············· p.18-19

Writing Practice ❶

1. wasn't sitting down
2. isn't playing outside
3. wasn't washing the dishes
4. wasn't taking a test
5. wasn't going for a walk
6. aren't making lunch
7. weren't eating ice cream
8. wasn't calling
9. wasn't playing with a ball
10. weren't crossing the road

Writing Practice ❷

1. Were, watching a new film
2. Is, working in the garden
3. Are, talking on your cellp hone.
4. Was, riding his bike
5. Were, walking on the street
6. Is, listening to music
7. Is, watering the flowers
8. Was, dancing at that moment
9. Are, looking at me
10. Was, going to school

UNIT 4   미래형   ⊛

Part 1 미래형 **will** ···························· p.20-21

Writing Practice ❶

1. will win the race
2. will learn how to drive
3. will buy some butter
4. will fall on your head
5. will have dinner with his friends
6. will marry soon
7. will eat out with our parents
8. will meet at 7 o'clock
9. will open the window
10. will sell her bicycle

Writing Practice ❷

1. It will rain tomorrow
2. will travel next summer
3. will go to Seoul next week
4. will tell Ben later
5. will buy a car next year

6. will rise at 6 tomorrow
7. will buy a puppy tonight
8. will send you the receipt later
9. will fly to Berlin next week
10. will visit the dentist at 9

Part 2 미래형 **be going to** ····················· p.22-23

Writing Practice ❶

1. are going to go to Seoul today
2. are going to see this match
3. is going to go bungee jumping
4. is going to play golf
5. are going to sail the seas
6. am going to call my friend
7. is going to peel the oranges
8. are going to go to the beach
9. are going to fix my house
10. am going to break my piggy bank

Writing Practice ❷

1. We're going to
2. She's going to
3. They're going to
4. We're going to
5. I'm going to
6. It's going to
7. We're going to
8. I'm going to
9. He's going to
10. She's going to

Part 3 미래의 부정문과 의문문 ··············· p.24-25

Writing Practice ❶

1. won't come to school today
2. aren't going to take a bus
3. won't go to her graduation ceremony
4. won't visit his grandmother
5. won't tell me the news
6. isn't going to water the lawn
7. won't leave at 12
8. am not going to check the answer
9. won't bite you
10. won't answer the phone

Writing Practice ❷

1. Is, going to stay at home
2. Will, be a vet
3. Are, going to return books
4. Will, relax at home
5. Is, going to see a movie with Rose

6. Will, buy groceries
7. Are, going to go to the zoo
8. Will, wear the blue dress
9. Will, cut his hair
10. Are, going to hike up the mountain

3. washed all the bottles
4. know every doctor in the hospital
5. All the houses here
6. used every pencil
7. Every language has
8. doesn't like all dolls
9. ate all the oranges
10. Every student here

UNIT 5 관사와 some, any, all, every ⭐

Part 1 관사 p.26-27

Writing Practice ❶

1. an, elephant at the zoo
2. X, honest students
3. a, hotel on his vacation
4. an, old jacket
5. an, umbrella
6. X, flowers in a vase
7. a, black tie
8. lives in, X
9. her twice, a
10. walk 1km, an

Writing Practice ❷

1. play the violin very well
2. eat dinner at 7
3. moves around the sun
4. is to the east of Korea
5. is on the left
6. the clouds in the sky
7. open the window
8. play basketball at night
9. The cat is black
10. goes to school by subway

Part 2 some, any, all, every p.28-29

Writing Practice ❶

1. any, tea in the kitchen
2. any, sisters
3. some, bread
4. any, help now
5. some, water
6. any, lamps in your house
7. any, meat
8. some, sandwiches on the plate
9. any, boys in the classroom
10. any, flowers in this garden

Writing Practice ❷

1. like all vegetables
2. read every book yesterday

Part 3 관사와 some, any, all, every의 쓰임 ··· p.30-31

Writing Practice ❶

1. want to eat some chips
2. Are all roses
3. need a drink
4. is an egg sandwich
5. All cars have
6. have any hats
7. Are there any grapes
8. Every train stops
9. An octopus has
10. like all birds

Writing Practice ❷

1. All lights were out
2. some books on the shelf
3. like all music
4. cleaned some windows
5. ate the cake
6. Every book is
7. invited all the girls
8. Every child needs
9. have any books
10. Every student passed

UNIT 6 to부정사와 동명사 ⭐

Part 1 명사처럼 쓰이는 to부정사 p.32-33

Writing Practice ❶

1. his dream to be a famous actor
2. To learn English is
3. To go to the beach is
4. not easy to make a cake
5. my hobby to watch movies
6. To sell vegetables is
7. not easy to drive a truck
8. difficult to get up early in the morning
9. To become a teacher is
10. my duty to protect innocent people

Writing Practice ❷

1. decided to go to Europe
2. is to become a writer
3. to join the tennis club
4. likes to read books

5. refused to answer the question
6. hope to meet her soon
7. needs to wear glasses
8. decided to read the novel
9. need to take a break
10. is to make a lot of money

Part 2 형용사/부사처럼 쓰이는 **to**부정사 ····· p.34-35

Writing Practice ❶

1. have nothing to drink
2. looking for an apartment to live in
3. have a picture to show you
4. has no money to buy the hat
5. has a car to sell
6. have nothing to wear now
7. a good way to save water
8. have a lot of things to buy
9. has the clothes to wash
10. has a plan to visit Canada

Writing Practice ❷

1. very happy to see you
2. studied hard to pass the exam
3. lived to be 84 years old
4. tried hard in order to get a job
5. pleased to receive your invitation
6. was sad to hear the news
7. was excited to win the final game
8. grew up to be a great lawyer
9. go to Canada to learn English
10. was sad to see the homeless

Part 3 동명사 ·· p.36-37

Writing Practice ❶

1. Taking a walk is
2. Keeping a diary every day is
3. Going fishing is
4. Taking care of children is
5. Swimming in the river is
6. Riding a roller coaster is
7. Biting your nail is
8. Traveling around the world is
9. Making friends is
10. Keeping pets is

Writing Practice ❷

1. is living in Paris
2. finished doing her homework
3. is good at making cookies
4. am afraid of losing her

5. is worried about driving in Tokyo
6. like playing video games
7. is traveling by train
8. you for buying me dinner
9. is proud of being a pilot
10. enjoys walking with her parents

UNIT 7 특별한 동사의 쓰임

Part 1 동사 like, want ······················· p.38-39

Writing Practice ❶

1. likes to read/reading books
2. doesn't like to ski/skiing
3. likes hot summer days
4. like to draw/drawing pictures
5. like to ride/riding a bicycle
6. likes to play/playing tennis
7. like to dance/dancing
8. likes to cook/cooking for his family
9. likes to make/making cookies
10. don't like sports

Writing Practice ❷

1. wants new shoes
2. doesn't want your help
3. want to stay at home today
4. want to keep a rabbit
5. want to drink fresh water
6. doesn't want my money
7. wants to be a history teacher
8. wants to buy some cheese
9. want a new library
10. wants to have dinner now

Part 2 감각동사 ·································· p.40-41

Writing Practice ❶

1. felt thirsty
2. feel better soon
3. sounds beautiful
4. looks happy
5. doesn't feel sad anymore
6. sounds perfect
7. doesn't look young
8. looks good
9. sounds very strange
10. doesn't look delicious

Writing Practice ❷

1. looks like a model
2. sounds like a perfect plan

3. feel like ice cream
4. doesn't look like a young singer
5. don't feel like cooking
6. feels like a hero
7. sounds like thunder
8. looks like a ghost town
9. doesn't feel like listening to music
10. looks like a big balloon

Part 3 수여동사 ·· p.42-43

Writing Practice ❶

1. gave me some money
2. bought Jack a hat
3. sent me a letter
4. made her pizza
5. asked me lots of questions
6. sent her a gift
7. made us apple pies
8. sent me a text message
9. made her a kite
10. asked Mike his email address

Writing Practice ❷

1. gave some money to me
2. bought a red shirt for me
3. sent roses to her yesterday
4. made some bread for him
5. asked those questions of the boss
6. bought new shoes for me
7. sent a text message to Susan
8. made a big kite for his son
9. asked that of her
10. gave a dictionary to me

UNIT 8 접속사

Part 1 and, but, or ·· p.44-45

Writing Practice ❶

1. a tulip or a rose
2. pizza and bread for lunch
3. cute but lazy
4. a male or a female
5. old but expensive
6. chocolate and ice cream
7. Tokyo and London
8. is a singer but she is not famous
9. math and science at school
10. your mom or your aunt

Writing Practice ❷

1. sad or are you happy
2. Jack and Don are
3. to the beach by bus or train
4. fruits and vegetables at the market
5. tall but his hands are small
6. two rooms and two bathrooms
7. poor but they are happy
8. wings but it can't fly
9. diligent and honest
10. cups and forks on the table

Part 2 before, after, because, so ········· p.46-47

Writing Practice ❶

1. him because he is very kind
2. difficult, so I don't like it
3. a shower before she goes to bed
4. the room after his kids go out
5. to school because I got up late
6. late, so I ran to school
7. to the dentist because I had a toothache
8. rained after Amy came home
9. a message before she left
10. no friends, so he feels lonely

Writing Practice ❷

1. tired, so I went to bed early
2. left before we arrived at the station
3. wash the dishes because I was tired
4. his coat after he entered the room
5. sleep last night, so I'm sleepy now
6. hungry, so they ordered pizza
7. a nap before she makes dinner
8. the door before you enter
9. tired after she finished her homework
10. at the bank before he came here

Part 3 명령문 + and, 명령문 + or ············ p.48-49

Writing Practice ❶

1. up, and you will catch the bus
2. hard, and you will pass the exam
3. a shower, and you will feel better
4. here, and you will meet him
5. many books, and you will be smart
6. early, and you will see the sunrise
7. me, and I will help you
8. smoking, and you will be healthy
9. to the party, and you will meet her
10. the window, and you will be warm

Writing Practice ❷

1. up, or you will miss the train
2. hard, or you will fail the test
3. some food, or you will be hungry
4. to bed early, or you will be tired
5. hard, or you will not succeed
6. careful, or you will get hurt
7. the subway, or you will be late
8. quiet, or he will wake up
9. hard, or you will lose the game
10. be late, or I will be angry

진짜 초등 영문법 2

Advanced English Grammar Series

WORDBOOK

예듀사

진짜
초등 영문법 2

WORDBOOK

예문사

📖 외운 단어에 ☑ 표시하세요.

01. ☐	**Spain** 몡 스페인	I was in **Spain**. 나는 스페인에 있었다.
02. ☐	**professor** 몡 교수	She was a **professor**. 그녀는 교수였다.
03. ☐	**actor** 몡 배우	I was an **actor**. 나는 배우였다.
04. ☐	**microwave** 몡 전자레인지	It was my **microwave**. 그것은 나의 전자레인지였다.
05. ☐	**photographer** 몡 사진사	She was a **photographer**. 그녀는 사진사였다.
06. ☐	**amusement park** 통 놀이동산	Ben and Chris were in the **amusement park**. Ben과 Chris는 놀이동산에 있었다.
07. ☐	**parent** 몡 부모	My **parents** were at home. 나의 부모님은 집에 계셨다.
08. ☐	**activity** 몡 활동	It was a good season to enjoy outdoor **activities**. 바깥 활동을 즐기기에 좋은 계절이었다.
09. ☐	**place** 몡 장소	It was an ideal **place** for a holiday. 그곳은 휴가 가기에 이상적인 장소였다.
10. ☐	**jump rope** 몡 줄넘기	She was good at **jumping rope**. 그녀는 줄넘기를 잘 했다.
11. ☐	**hockey** 몡 하키	We were **hockey** players then. 우리는 그때 하키선수였다.
12. ☐	**same** 혱 같은	We were on the **same** team then. 우리는 그때 같은 팀에 있었다.
13. ☐	**mall** 몡 쇼핑몰, 쇼핑센터	They were at the **mall**. 그들은 쇼핑몰에 있었다.
14. ☐	**bored** 혱 지루한	Dan was **bored**. Dan은 지루했다.
15. ☐	**quite** 부 꽤	All they toys were **quite** cheap. 모든 장난감이 꽤 쌌다.

📖 외운 단어에 ✔ 표시하세요.

16.	**cheap** (형) 싼	All they toys were quite **cheap**. 모든 장난감이 꽤 쌌다.
17.	**detective** (명) 탐정	Noah was a **detective**. Noah는 탐정이었다.
18.	**hill** (명) 언덕	The house was on the **hill**. 그 집은 언덕 위에 있었다.
19.	**keyboard** (명) 건반 악기	She played the **keyboard**. 그는 건반을 쳤다.
20.	**elementary** (형) 초등의, 초등학교의	Were Jane and Sue **elementary** students? Jane과 Sue는 초등학생이었니?
21.	**mirror** (명) 거울	There wasn't a **mirror**. 거울이 없었다.
22.	**post office** (명) 우체국	Tom wasn't at the **post office**. Tom은 우체국에 없었다.
23.	**department store** (명) 백화점	Were there many people in the **department store**? 백화점에 많은 사람이 있었니?
24.	**strawberry** (명) 딸기	She grows **strawberries**, blueberries, and some vegetables. 그녀는 딸기, 블루베리, 그리고 채소 몇 종류를 기른다.
25.	**blueberry** (명) 블루베리	She grows strawberries, **blueberries**, and some vegetables. 그녀는 딸기, 블루베리, 그리고 채소 몇 종류를 기른다.
26.	**race** (명) 경주	This year, Jim is the fastest runner of the **race**. 올해는 Jim이 경주에서 가장 빠른 달리기 선수이다.
27.	**member** (명) 회원, 멤버	She was the **member** of the rock band. 그녀는 락 밴드의 멤버였다.
28.	**last** (형) 지난	She was 20 years old **last** year. 그녀는 작년에 20살이었다.
29.	**surprised** (형) 놀란	Was Laura **surprised**? Laura는 놀랐니?
30.	**on time** 정각에, 제때에	Were you **on time**? 너는 제시간에 도착했니?

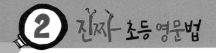

✏️ 다음 단어를 보고 알맞은 우리말 뜻을 쓰세요.

01. Spain		16. bored	
02. department store		17. quite	
03. activity		18. cheap	
04. professor		19. detective	
05. actor		20. hill	
06. microwave		21. keyboard	
07. amusement park		22. mirror	
08. elementary		23. post office	
09. parent		24. strawberry	
10. place		25. blueberry	
11. jump rope		26. member	
12. photographer		27. race	
13. hockey		28. last	
14. same		29. surprised	
15. mall		30. on time	

4

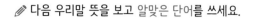

✏ 다음 우리말 뜻을 보고 알맞은 단어를 쓰세요.

01. 스페인

02. 언덕

03. 건반 악기

04. 초등의,
    초등학교의

05. 거울

06. 우체국

07. 백화점

08. 놀이동산

09. 교수

10. 배우

11. 하키

12. 같은

13. 쇼핑몰,
    쇼핑센터

14. 전자레인지

15. 사진사

16. 부모

17. 활동

18. 장소

19. 줄넘기

20. 지루한

21. 꽤

22. 싼

23. 탐정

24. 딸기

25. 블루베리

26. 경주

27. 회원, 멤버

28. 지난

29. 놀란

30. 정각에, 제때에

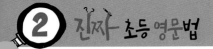

📖 외운 단어에 ✅ 표시하세요.

01.	**treat** (동) 대우하다. 다루다	She **treated** him with respect. 그녀는 그를 존중으로 대했다.
02.	**transfer** (동) 갈아타다	He **transferred** to yellow line subway. 그는 노란 선 지하철로 갈아탔다.
03.	**act** (동) 행동하다	You **acted** naturally. 저는 자연스럽게 행동했다.
04.	**bake** (동) 굽다	Emily **baked** a cake. Emily는 케이크를 구웠다.
05.	**burn** (동) (요리를) 태우다	I **burned** the bread. 나는 빵을 태웠다.
06.	**wave** (동) 흔들다	They **waved** Spanish flags. 그들은 스페인 국기를 흔들었다.
07.	**yell** (동) 고함치다	Did you **yell** at him? 너는 그에게 소리쳤니?
08.	**wrap** (동) ~을 싸다. 포장하다	We **wrapped** everything in paper. 우리는 모든 것을 종이에 쌌다.
09.	**answer** (동) 대답하다.	He **answered** the questions immediately. 그는 질문에 바로 답했다.
10.	**immediately** (부) 곧. 즉시	He answers the questions **immediately**. 그는 질문에 바로 답했다.
11.	**agree** (동) 동의하다	He totally **agreed** with me. 그는 내 의견에 전적으로 동의했다.
12.	**beehive** (명) 벌통. 벌집	I found a **beehive**. 나는 벌집을 발견했다.
13.	**sunshine** (명) 햇살	Jen enjoyed the warm **sunshine** in spring. Jen은 봄에 따뜻한 햇살을 즐겼다.
14.	**squeeze** (동) 짜다	Ronald **squeezed** lemons. Ronald가 레몬을 짰다.
15.	**stretch** (동) 뻗다	Eli **stretched** her hands forward. Eli는 손을 앞으로 뻗었다.

📖 외운 단어에 ✅ 표시하세요.

16.	**forward** (부) 앞으로	Eli stretched her hands forward. Eli는 손을 앞으로 뻗었다.
17.	**medicine** (명) 약	He didn't take the medicine. 그는 약을 먹지 않았다.
18.	**stage** (명) 무대	Did you sing a song on stage last night? 너는 지난 밤에 무대에서 노래를 불렀니?
19.	**pack** (동) 꾸리다, 싸다	He didn't pack his clothes for the trip. 그는 여행을 위한 그의 옷을 싸지 않았다.
20.	**break** (동) 깨뜨리다	Did he break the window? 그는 창문을 깨뜨렸니?
21.	**vote** (동) 투표하다	He didn't vote for Jack. 그는 Jack에게 투표하지 않았다.
22.	**add** (동) 넣다, 추가하다	I didn't add sugar to the cake. 나는 케이크에 설탕을 넣지 않았다.
23.	**all day long** 하루 종일	Your baby didn't cry all day long. 너의 아기는 하루 종일 울지 않았다.
24.	**eat out** 외식하다	We ate out dinner last night. 우리는 지난 밤에 외식을 했다.
25.	**try to** 시도하다	I tried to eat carrots. 나는 당근 먹는 것을 시도했다.
26.	**scream** (동) 소리지르다	He started to scream. 그는 소리지르기 시작했다.
27.	**curly** (형) 머리칼이 곱슬곱슬한	She had curly hair. 그녀는 곱슬 머리였다.
28.	**meter** (명) 미터	They ran 100 meters. 그들은 100미터를 달렸다.
29.	**amazing** (형) 놀라운	She set the amazing record. 그녀는 놀라운 기록을 세웠다.
30.	**record** (명) 기록	She set the amazing record. 그녀는 놀라운 기록을 세웠다.

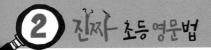

② 진짜 초등 영문법

✏️ 다음 단어를 보고 알맞은 우리말 뜻을 쓰세요.

01. **agree**

02. **beehive**

03. **sunshine**

04. **act**

05. **bake**

06. **burn**

07. **wave**

08. **yell**

09. **wrap**

10. **squeeze**

11. **stretch**

12. **forward**

13. **medicine**

14. **eat out**

15. **try to**

16. **scream**

17. **curly**

18. **meter**

19. **amazing**

20. **record**

21. **treat**

22. **transfer**

23. **answer**

24. **immediately**

25. **stage**

26. **pack**

27. **break**

28. **vote**

29. **add**

30. **all day long**

✏ 다음 우리말 뜻을 보고 알맞은 단어를 쓰세요.

01. 대우하다,
다루다

16. 곧, 즉시

02. 갈아타다

17. 동의하다

03. 행동하다

18. 벌통, 벌집

04. 소리지르다

19. 햇살

05. 머리칼이
곱슬곱슬한

20. 굽다

06. 미터

21. 타다

07. 놀라운

22. 넣다, 추가하다

08. 약

23. 하루 종일

09. 무대

24. 외식하다

10. 꾸리다, 싸다

25. 시도하다

11. 깨뜨리다

26. 짜다

12. 흔들다

27. 뻗다

13. 고함치다

28. 앞으로

14. ~을 싸다,
포장하다

29. 투표하다

15. 대답하다.

30. 기록

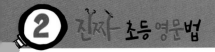
📖 외운 단어에 ✅ 표시하세요.

01. ☐	**surf** ⑧ 검색하다	I am **surfing** the Internet. 나는 인터넷을 검색하고 있다.
02. ☐	**count** ⑧ 세다	The boy is **counting** the numbers. 그 소년은 숫자를 세고 있다.
03. ☐	**take a picture** 사진을 찍다	She is **taking a picture** of me. 그녀는 내 사진을 찍고 있다.
04. ☐	**order** ⑧ 주문하다	He is **ordering** some food. 그는 음식을 주문하고 있다.
05. ☐	**rope** ⑲ 줄	I am tying a **rope**. 나는 줄을 묶고 있다.
06. ☐	**harp** ⑲ 하프	She was playing the **harp**. 그녀는 하프를 연주하고 있다.
07. ☐	**pass** ⑧ 건너다	Gina was **passing** over the bridge. Gina는 다리를 건너고 있었다.
08. ☐	**dig** ⑧ 파다	A mole was **digging** a hole. 두더지가 구멍을 파고 있었다.
09. ☐	**hole** ⑲ 구멍	A mole was digging a **hole**. 두더지가 구멍을 파고 있었다.
10. ☐	**chat** ⑧ 수다 떨다, 이야기하다	We are **chatting** on the phone. 우리는 전화로 수다를 떨고 있었다.
11. ☐	**laugh** ⑧ 웃다	The baby is **laughing**. 그 아기는 웃고 있다.
12. ☐	**prepare** ⑧ 준비하다	Jim is **preparing** dinner. Jim은 저녁을 준비하고 있다.
13. ☐	**chase** ⑧ 쫓다	The dog was **chasing** the cat. 그 개는 그 고양이를 쫓고 있었다.
14. ☐	**announce** ⑧ 발표하다	Is she **announcing** the winner? 그녀는 우승자를 발표하고 있니?
15. ☐	**move** ⑧ 옮기다	Were you **moving** the tank? 너는 수조를 옮기고 있었니?

📖 외운 단어에 ✅ 표시하세요.

16.	**compose** ⑧ 작곡하다	He is **composing** a new song. 그는 새 노래를 작곡하고 있다.
17.	**type** ⑧ 타자를 치다	I was **typing** at my desk. 나는 내 책상에서 타자를 치고 있었다.
18.	**hang out** 놀다, 어울리다	He wasn't **hanging out** with his friends. 그는 친구들과 놀고 있지 않았다.
19.	**feed** ⑧ 먹이를 주다	He was **feeding** my cat. 그는 나의 고양이에게 먹이를 주고 있었다.
20.	**wait for** 기다리다	We are **waiting for** you. 우리는 너를 기다리고 있다.
21.	**lie** ⑧ 눕다	He is **lying** on the grass. 그는 풀밭에 누워 있다.
22.	**give a helping hand** 도와주다	I am **giving** him a **helping hand**. 나는 그를 도와주고 있다.
23.	**knit** ⑧ 뜨개질 하다	She was **knitting**. 그녀는 뜨개질을 하고 있었다.
24.	**hide-and-seek** ⑲ 숨바꼭질	Kids are playing **hide-and-seek**. 아이들은 숨바꼭질을 하고 있다.
25.	**rugby** ⑧ 럭비	We were playing **rugby**. 우리는 럭비를 하고 있었다.
26.	**take a test** 시험을 보다	She wasn't **taking a test**. 그녀는 시험을 보고 있지 않았다.
27.	**outside** ⑨ 바깥에서	Peter isn't playing **outside**. Peter는 밖에서 놀고 있지 않다.
28.	**talk on the phone** 전화하다	Are you **talking on your cell phone**? 너는 지금 휴대폰으로 전화하고 있니?
29.	**water** ⑧ 물을 주다	Is he **watering** the flowers? 그는 꽃에 물을 주고 있니?
30.	**moment** ⑲ 순간, 때	Was she dancing at the **moment**? 그녀는 그때 춤을 추고 있었니?

✏️ 다음 단어를 보고 알맞은 우리말 뜻을 쓰세요.

01. hang out

02. feed

03. hide-and-seek

04. surf

05. count

06. take a picture

07. wait for

08. lie

09. give a helping hand

10. knit

11. order

12. rope

13. harp

14. pass

15. dig

16. hole

17. chat

18. laugh

19. prepare

20. chase

21. announce

22. type

23. rugby

24. move

25. compose

26. take a test

27. outside

28. talk on the phone

29. water

30. moment

✎ 다음 우리말 뜻을 보고 알맞은 단어를 쓰세요.

01. 검색하다

02. 세다

03. 사진을 찍다

04. 주문하다

05. 줄

06. 하프

07. 건너다

08. 파다

09. 구멍

10. 수다 떨다, 이야기하다

11. 웃다

12. 준비하다

13. 쫓다

14. 발표하다

15. 옮기다

16. 작곡하다

17. 타자를 치다

18. 놀다, 어울리다

19. 먹이를 주다

20. 기다리다

21. 눕다

22. 도와주다

23. 뜨개질 하다

24. 숨바꼭질

25. 럭비

26. 시험을 보다

27. 바깥에서

28. 전화하다

29. 물을 주다

30. 순간, 때

13

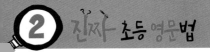

📖 외운 단어에 ✅ 표시하세요.

01.	**go for a walk** 산책하다	We will go out for a walk. 우리는 산책하러 나갈 것이다.
02.	**absent** ⑱ 결석한	I will be absent tomorrow. 나는 내일 결석을 할 것이다.
03.	**translate** ⑧ 번역하다	This computer will translate English. 이 컴퓨터는 영어를 번역할 것이다.
04.	**control** ⑧ 조절하다	People will control the weather someday. 사람들은 언젠가 날씨를 조절할 것이다.
05.	**someday** ⑼ 언젠가, 훗날	People will control the weather someday. 사람들은 언젠가 날씨를 조절할 것이다.
06.	**match** ⑲ 경기	June will watch the match tonight. June은 오늘 밤에 그 경기를 볼 것이다.
07.	**dive** ⑧ 뛰어들다	She will dive into the pool. 그녀는 수영장으로 뛰어들 것이다.
08.	**marathon** ⑲ 마라톤 경주	Is he going to run the marathon this year? 그는 올해 마라톤을 뛰니?
09.	**miss** ⑧ 놓치다	He will not miss the train. 그는 기차를 놓치지 않을 것이다.
10.	**lawn** ⑲ 잔디	Will she water the lawn in the afternoon? 그녀는 오후에 잔디에 물을 줄 거니?
11.	**difference** ⑲ 차이	They are not going to talk about their differences. 그들은 그들의 차이점을 말하지 않을 것이다.
12.	**culture** ⑲ 문화	Is he going to talk about Korean culture? 그는 한국 문화에 대해 말을 할 거니?
13.	**rude** ⑱ 무례한	I am not going to be rude again. 나는 다시는 무례하게 굴지 않을 것이다.
14.	**switch** ⑧ 스위치를 넣다, 켜다	Susan will switch on the heater. Susan은 히터를 켤 것이다.
15.	**traditional** ⑱ 전통적인	They will eat *ceviche*, a traditional Peruvian dish. 그들은 페루 전통요리인 *ceviche*를 먹을 것이다.

📖 외운 단어에 ✅ 표시하세요.

16.	**fall** ⑧ 떨어지다	That book will **fall** on your head. 저 책은 너의 머리 위로 떨어질 것이다.
17.	**rain** ⑧ 비가 오다	It will **rain** tomorrow. 내일 비가 올 것이다.
18.	**receipt** ⑲ 영수증	I will send you the **receipt** later. 나는 나중에 너에게 영수증을 보낼 것이다.
19.	**fly** ⑧ (비행기를 타고) 가다	Josh will **fly** to Berlin next week. Josh는 다음주에 베를린에 갈 것이다.
20.	**sail** ⑧ 항해하다	They are going to **sail** the seas. 그들은 바다를 항해할 것이다.
21.	**peel** ⑧ (껍질을) 벗기다	Joe is going to **peel** the oranges. Joe는 오렌지 껍질을 벗길 것이다.
22.	**piggy bank** ⑲ 돼지 저금통	I am going to break my **piggy bank**. 나는 나의 돼지 저금통을 깰 것이다.
23.	**pill** ⑲ 약	She's going to take some **pills**. 그녀는 약을 조금 먹을 것이다.
24.	**lose** ⑧ 잃어버리다	They are going to **lose** all their money. 그들은 그들의 돈을 다 잃을 것이다.
25.	**soldier** ⑲ 군인	He is going to be a **soldier**. 그는 군인이 될 것이다.
26.	**check** ⑧ 확인하다	I am not going to **check** the answer. 나는 답을 확인하지 않을 것이다.
27.	**bite** ⑧ ~을 물다	The dog will not **bite** you. 그 개는 너를 물지 않을 것이다.
28.	**vet** ⑲ 수의사	Will you be a **vet**? 너는 수의사가 될 거니?
29.	**relax** ⑧ 편히 쉬다	Will she **relax** at home? 그녀는 집에서 편히 쉴 거니?
30.	**hike** ⑧ 등산하다	Are you going to **hike** up the mountain? 너는 등산할 거니?

15

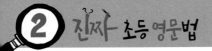

✎ 다음 단어를 보고 알맞은 우리말 뜻을 쓰세요.

01. traditional

02. fall

03. rain

04. receipt

05. difference

06. sail

07. peel

08. culture

09. rude

10. switch

11. fly

12. go for a walk

13. absent

14. translate

15. control

16. someday

17. match

18. dive

19. marathon

20. miss

21. lawn

22. piggy bank

23. bite

24. vet

25. relax

26. pill

27. lose

28. soldier

29. check

30. hike

✎ 다음 우리말 뜻을 보고 알맞은 단어를 쓰세요.

01. 차이

16. ~을 물다

02. 문화

17. 수의사

03. 결석한

18. 편히 쉬다

04. 번역하다

19. 등산하다

05. 조절하다

20. 놓치다

06. 언젠가, 훗날

21. 잔디

07. 무례한

22. 전통적인

08. 스위치를 넣다, 켜다

23. 떨어지다

09. 산책하다

24. 비가 오다

10. 경기

25. 영수증

11. 뛰어들다

26. (비행기를 타고) 가다

12. 마라톤 경주

27. 항해하다

13. 잃어버리다

28. (껍질을) 벗기다

14. 군인

29. 돼지 저금통

15. 확인하다

30. 약

2 진짜 초등 영문법

📖 외운 단어에 ✅ 표시하세요.

01. comic book
명 만화책
There are many comic books on the table.
탁자 위에 만화책이 많이 있다.

02. artwork
명 예술 작품
This is an artwork.
이것은 예술작품이다.

03. ancient
형 고대의, 오래된
This is an ancient Greek statue.
이것은 고대 그리스 상이다.

04. Greek
형 그리스의
This is an ancient Greek statue.
이것은 고대 그리스 상이다.

05. statue
명 상, 동상
This is an ancient Greek statue.
이것은 고대 그리스 상이다.

06. rise
동 오르다, 솟아오르다
The sun rises in the east.
해는 동쪽에서 뜬다.

07. cello
명 첼로
I play the cello every day.
나는 첼로를 매일 연주한다.

08. eggplant
명 가지
Did you buy an eggplant?
너는 가지 한 개를 샀니?

09. ingredient
명 (요리) 재료
First, prepare ingredients.
먼저 재료들을 준비하세요.

10. garlic
명 마늘
You will need some broth, cheese, butter, garlic, and an onion.
당신은 약간의 육수, 치즈, 버터, 마늘, 그리고 양파 1개가 필요해요.

11. slice
동 얇게 자르다
Second, slice the onion and garlic.
둘째로, 양파와 마늘을 얇게 써세요.

12. attend
동 참석하다
All staff must attend the swimming class.
모든 직원들은 수영강습에 참석해야 한다.

13. drumstick
명 드럼 스틱
Some drumsticks are too thick for me.
몇몇 드럼 스틱은 나에게 너무 두껍다.

14. puppet
명 인형
You have some puppets.
너는 인형 몇 개를 갖고 있다.

15. cabbage
명 양배추
He ate some cabbage.
그는 양배추를 조금 먹었다.

📖 외운 단어에 ✅ 표시하세요.

16.	☐	**nut** 명 견과	Some nuts are bad for your health. 몇몇 견과류는 너의 건강에 나쁘다.
17.	☐	**towel** 명 수건	We don't have any towels. 우리는 어떤 수건도 가지고 있지 않다.
18.	☐	**P.E.** 명 체육, 체육 과목	Every P.E. class ends at 2 p.m. 모든 체육 수업은 오후 2시에 끝난다.
19.	☐	**camel** 명 낙타	I have some camels. 나는 낙타 몇 마리를 가지고 있다.
20.	☐	**biscuit** 명 비스킷, 과자	There aren't any biscuits. 과자가 하나도 있지 않다.
21.	☐	**ox** 명 황소	An ox is pulling a large wagon. 황소가 큰 마차를 끌고 있다.
22.	☐	**reporter** 명 기자	He is a busy reporter. 그는 바쁜 기자이다.
23.	☐	**mango** 명 망고	She cut all the mangoes. 그녀는 모든 망고를 잘랐다.
24.	☐	**tie** 명 넥타이	Mike will wear a black tie. Mike는 검은색 넥타이를 맬 것이다.
25.	☐	**plate** 명 접시	There are some sandwiches on the plate. 접시 위에 샌드위치가 조금 있다.
26.	☐	**language** 명 언어	Every language has nouns. 모든 언어에는 명사가 있다.
27.	☐	**lazy** 형 게으른	Every student here is lazy. 여기 모든 학생은 게으르다.
28.	☐	**chip** 명 감자칩, 과자	I want to eat some chips. 나는 과자를 조금 먹고 싶다.
29.	☐	**light** 명 전등	All lights were out. 모든 전등이 나갔다.
30.	☐	**pass** 동 (시험을) 통과하다	Every student passed the test. 모든 학생이 그 시험을 통과했다.

✎ 다음 단어를 보고 알맞은 우리말 뜻을 쓰세요.

01. plate

02. language

03. lazy

04. statue

05. rise

06. cello

07. eggplant

08. ingredient

09. garlic

10. chip

11. light

12. comic book

13. puppet

14. cabbage

15. nut

16. P.E.

17. camel

18. biscuit

19. ox

20. artwork

21. ancient

22. Greek

23. slice

24. attend

25. drumstick

26. reporter

27. mango

28. tie

29. pass

30. towel

✎ 다음 우리말 뜻을 보고 알맞은 단어를 쓰세요.

01. 망고

02. (요리) 재료

03. 마늘

04. 그리스의

05. 상, 동상

06. 오르다,
    솟아오르다

07. 첼로

08. 가지

09. 체육, 체육 과목

10. 낙타

11. 비스킷, 과자

12. 황소

13. 기자

14. 얇게 자르다

15. 만화책

16. 예술 작품

17. 고대의, 오래된

18. 참석하다

19. 드럼 스틱

20. 인형

21. 양배추

22. 견과

23. 수건

24. 접시

25. (시험을)
    통과하다

26. 게으른

27. 감자칩, 과자

28. 넥타이

29. 전등

30. 언어

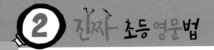
📖 외운 단어에 ✅ 표시하세요.

01. ☐	**competition** 명 대회, 경쟁	He practices singing to win the **competition**. 그는 대회에서 우승하기 위해 노래 연습을 한다.
02. ☐	**ride** 명 놀이기구	It is so much fun to go on the **rides**. 놀이기구를 타는 것은 정말 재미있다.
03. ☐	**dine out** 외식하다	They decided to **dine out**. 그들은 외식하기로 결정했다.
04. ☐	**impolite** 형 무례한	I don't like to meet **impolite** people. 나는 무례한 사람들을 만나고 싶지 않다.
05. ☐	**paint** 동 칠하다	To **paint** is one of her hobbies. 그림을 그리는 것은 그녀의 취미들 중 하나이다.
06. ☐	**promise** 동 약속하다	Frank **promised** to call me tomorrow. Frank는 내일 나에게 전화하는 것을 약속했다.
07. ☐	**neighbor** 명 이웃	My **neighbor** plans to move at the end of this week. 나의 이웃은 이번 주말에 이사 가는 것을 계획한다.
08. ☐	**hesitate** 동 망설이다	I am **hesitating** eating the cake now. 나는 지금 그 케이크를 먹는 것을 망설이고 있다.
09. ☐	**pay** 동 ~을 지불하다	She agreed to **pay** the bill next week. 그녀는 다음 주에 청구서를 지불하는 것을 동의했다.
10. ☐	**save money** 돈을 절약하다	She goes to school by bus to **save money**. 그녀는 돈을 절약하기 위해 버스를 타고 학교에 간다.
11. ☐	**extra** 형 추가의, 여분의	Peter has a part-time job to get some **extra** money. Peter는 추가 자금을 벌기 위해 아르바이트를 한다.
12. ☐	**on a diet** 식단조절을 하다	My mother is **on a diet** to get thinner. 나의 엄마는 날씬해 지기 위해 식단조절을 하신다.
13. ☐	**interpreter** 명 통역사	I grew up to be an **interpreter**. 나는 자라서 통역사가 되었다.
14. ☐	**surgeon** 명 외과의사	She is studying hard to be a **surgeon**. 그녀는 외과의사가 되기 위해 열심히 공부하고 있다.
15. ☐	**patiently** 형 침착하게	Thank you for waiting **patiently**. 침착하게 기다려 주셔서 감사합니다.

📖 외운 단어에 ☑ 표시하세요.

16.	**apologize** ⑧ 사과하다	You need to apologize for being rude. 너는 무례하게 군 것에 대해 사과를 해야 한다.
17.	**look forward to** 기대하다, 고대하다	I am looking forward to visiting Switzerland. 나는 스위스에 가길 고대하고 있다.
18.	**share** ⑧ 공유하다	Thanks for sharing with me. 나와 공유해줘서 고맙다.
19.	**disturb** ⑧ 방해하다	She apologized for disturbing me. 그녀는 나를 방해한 것을 사과했다.
20.	**duty** ⑲ 임무	It is my duty to protect innocent people. 나의 임무는 무고한 사람들을 보호하는 것이다.
21.	**protect** ⑧ 보호하다	It is my duty to protect innocent people. 나의 임무는 무고한 사람들을 보호하는 것이다.
22.	**innocent** ⑱ 무고한, 죄없는	It is my duty to protect innocent people. 나의 임무는 무고한 사람들을 보호하는 것이다.
23.	**refuse** ⑧ 거절하다	Sam refused to answer the question. Sam은 그 질문에 대답하는 것을 거절했다.
24.	**take a break** 휴식을 취하다	You need to take a break. 너는 휴식을 취할 필요가 있다.
25.	**look for** 찾다	I'm looking for an apartment to live in. 나는 살 아파트를 찾고 있다.
26.	**way** ⑲ 방법	It's a good way to save water. 그것은 물을 절약할 좋은 방법이다.
27.	**pilot** ⑲ 조종사	He is proud of being a pilot. 그는 조종사가 된 것을 자랑스러워 한다.
28.	**invitation** ⑲ 초대, 초청	I'm pleased to receive your invitation. 나는 너의 초대를 받아서 기쁘다.
29.	**lawyer** ⑲ 변호사	He grew up to be a great lawyer. 그는 자라서 훌륭한 변호사가 되었다.
30.	**homeless** ⑲ 노숙자	She was sad to see the homeless. 그녀는 노숙자를 보고 슬펐다.

✏ 다음 단어를 보고 알맞은 우리말 뜻을 쓰세요.

01. duty

02. protect

03. innocent

04. refuse

05. take a break

06. look for

07. paint

08. promise

09. pay

10. save money

11. extra

12. on a diet

13. interpreter

14. surgeon

15. patiently

16. apologize

17. look forward to

18. share

19. disturb

20. way

21. neighbor

22. hesitate

23. competition

24. ride

25. dine out

26. impolite

27. pilot

28. invitation

29. lawyer

30. homeless

다음 우리말 뜻을 보고 알맞은 단어를 쓰세요.

01. 변호사

02. 노숙자

03. 통역사

04. 외과의사

05. 침착하게

06. 대회, 경쟁

07. 놀이기구

08. 외식하다

09. 무례한

10. 칠하다

11. 약속하다

12. 이웃

13. 망설이다

14. ～을 지불하다

15. 무고한, 죄없는

16. 거절하다

17. 공유하다

18. 방해하다

19. 임무

20. 보호하다

21. 휴식을 취하다

22. 찾다

23. 돈을 절약하다

24. 추가의, 여분의

25. 식단조절을 하다

26. 방법

27. 조종사

28. 초대, 초청

29. 사과하다

30. 기대하다, 고대하다

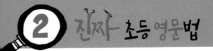

📖 외운 단어에 ☑ 표시하세요.

01.	**fresh** 형 신선한	She likes to eat **fresh** vegetables and bread. 그녀는 신선한 채소와 빵을 먹는 것을 좋아한다.
02.	**kiwi** 명 키위	They want **kiwis**. 그들은 키위를 원한다.
03.	**adventure** 명 모험	We like **adventure**. 우리는 모험을 좋아한다.
04.	**voice** 명 목소리	His **voice** sounds loud. 그의 목소리는 시끄럽게 들린다.
05.	**aggressive** 형 공격적인	That man looks **aggressive**. 저 남자는 공격적으로 생겼다.
06.	**fool** 명 바보	I feel like a **fool**. 나는 바보가 된 것 같다.
07.	**perfect** 형 완벽한	Your plan sounds **perfect**. 너의 계획은 완벽한 것 같다.
08.	**giant** 명 거인	I feel like a **giant**. 나는 거인이 된 것 같다.
09.	**scary** 형 무서운	It sounds a bit **scary**. 그것은 조금 무섭게 들린다.
10.	**trumpet** 명 트럼펫	It sounds like a **trumpet**. 그것은 트럼펫 소리처럼 들린다.
11.	**jelly** 명 젤리, 젤리과자	This looks like soft **jelly**. 이것은 부드러운 젤리처럼 보인다.
12.	**rock** 명 돌	That **rock** looks like an elephant. 저 돌은 코끼리처럼 보인다.
13.	**cousin** 명 사촌	I send some toys to my **cousin**. 나는 사촌에게 장난감 몇 개를 보낸다.
14.	**suit** 명 정장, 옷	I will make her a new **suit**. 나는 그녀에게 새로운 정장을 만들어 줄 것이다.
15.	**reason** 명 이유	I asked him the **reason**. 나는 그에게 이유를 물어봤다.

📖 외운 단어에 ✔ 표시하세요.

16.	**street** ⑲ 시가지, 거리	He gave a **street** map to me. 그는 나에게 시가지 지도를 주었다.
17.	**earring** ⑲ 귀걸이	I bought **earrings** for my aunt. 나는 이모에게 귀걸이를 사 줬다.
18.	**mobile** ⑲ 모빌	I made a **mobile** for my baby. 나는 나의 아기에게 모빌을 만들어 줬다.
19.	**recipe** ⑲ 요리법	You asked me for a cheesecake **recipe**. 너는 나에게 치즈케이크 요리법을 물어봤다.
20.	**meow** ⑲ 야옹, 고양이의 울음 소리	It sounds like a cat's **meow**. 그것은 고양이의 야옹 소리처럼 들린다.
21.	**Vietnamese** ⑱ 베트남의	They like to eat **Vietnamese** food. 그들은 베트남 음식 먹는 것을 좋아한다.
22.	**sack** ⑲ 부대, 자루	The flower looks like a **sack**. 그 꽃은 자루처럼 생겼다.
23.	**whistle** ⑲ 호루라기	It sounds like a **whistle**. 그것은 호루라기 소리처럼 들린다.
24.	**conversation** ⑲ 대화	It sounds like a **conversation** between two people. 그것은 두 사람 간의 대화처럼 들린다.
25.	**flight** ⑲ 항공, 비행기	I will give him a **flight** ticket. 나는 그에게 항공권을 줄 것이다.
26.	**thirsty** ⑱ 목이 마른, 갈증이 나는	She felt **thirsty**. 그녀는 갈증을 느꼈다.
27.	**ghost** ⑲ 유령	It looks like a **ghost** town. 그것은 유령 마을처럼 보인다.
28.	**question** ⑲ 질문	He asked me lots of **questions**. 그는 나에게 많은 질문을 했다.
29.	**message** ⑲ 메시지, 전갈	Susan sent me a text **message**. Susan은 나에게 문자 메시지를 보냈다.
30.	**dictionary** ⑲ 사전	Jason gave me a **dictionary**. Jason은 나에게 사전을 주었다.

✏️ 다음 단어를 보고 알맞은 우리말 뜻을 쓰세요.

01. **fresh**		16. **fool**	
02. **kiwi**		17. **perfect**	
03. **adventure**		18. **giant**	
04. **jelly**		19. **scary**	
05. **rock**		20. **trumpet**	
06. **cousin**		21. **sack**	
07. **suit**		22. **whistle**	
08. **reason**		23. **street**	
09. **conversation**		24. **earring**	
10. **flight**		25. **mobile**	
11. **thirsty**		26. **recipe**	
12. **ghost**		27. **meow**	
13. **question**		28. **Vietnamese**	
14. **voice**		29. **message**	
15. **aggressive**		30. **dictionary**	

다음 우리말 뜻을 보고 알맞은 단어를 쓰세요.

01. 모험

02. 목소리

03. 돌

04. 사촌

05. 정장, 옷

06. 신선한

07. 키위

08. 이유

09. 시가지, 거리

10. 공격적인

11. 바보

12. 완벽한

13. 거인

14. 무서운

15. 트럼펫

16. 젤리, 젤리과자

17. 항공, 비행기

18. 목이 마른, 갈증이 나는

19. 유령

20. 질문

21. 메시지, 전갈

22. 귀걸이

23. 모빌

24. 요리법

25. 야옹, 고양이의 울음 소리

26. 베트남의

27. 부대, 자루

28. 호루라기

29. 대화

30. 사전

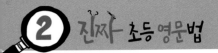

📖 외운 단어에 ☑ 표시하세요.

01.	☐	**dizzy** ⑱ 어지러운	Do you feel **dizzy** or sick? 너는 어지럽니? 아니면 토할 것 같니?
02.	☐	**sick** ⑱ 토할 것 같은, 아픈	Do you feel dizzy or **sick**? 너는 어지럽니? 아니면 토할 것 같니?
03.	☐	**prefer** ⑧ 선호하다	Which one would you **prefer**, rice or pasta? 너는 밥과 파스타 중에 어떤 것을 선호하니?
04.	☐	**office** ⑱ 사무실	She and I work at the same **office**. 그녀와 나는 같은 사무실에서 일한다.
05.	☐	**oil** ⑱ 기름	We use **oil** for cars and factories. 우리는 차와 공장에 기름을 사용한다.
06.	☐	**factory** ⑱ 공장	We use oil for cars and **factories**. 우리는 차와 공장에 기름을 사용한다.
07.	☐	**poodle** ⑱ 푸들	**Poodles** are white, black, or brown. 푸들은 흰색, 검은색, 혹은 갈색이다.
08.	☐	**skin** ⑱ 피부	My **skin** turns red and itchy. 내 피부는 빨갛고 가렵게 변한다.
09.	☐	**turn** ⑧ 변하다	My skin **turns** red and itchy. 내 피부는 빨갛고 가렵게 변한다.
10.	☐	**itch** ⑱ 간지러운	My skin turns red and **itchy**. 내 피부는 빨갛고 가렵게 변한다.
11.	☐	**distance** ⑱ 거리	Birds can fly, so they can travel long **distances**. 새들은 날 수 있다. 그래서 그들은 먼 거리를 여행할 수 있다.
12.	☐	**messy** ⑱ 지저분한	I didn't clean the room, so it is still **messy**. 나는 그 방을 청소하지 않았다. 그래서 그것은 여전히 더럽다.
13.	☐	**oversleep** ⑧ 늦잠을 자다	I was late for school because I **overslept**. 나는 학교에 늦었다. 왜냐하면 늦잠을 잤기 때문이다.
14.	☐	**healthy** ⑱ 건강한	Do more exercises, and you'll get **healthy**. 운동을 더 해라. 그러면 너는 건강해 질 것이다.
15.	☐	**gain** ⑧ 얻다	Stop eating sweets, or you'll **gain** weight. 단것을 먹는 것을 멈춰라. 그렇지 않으면 너는 살이 찔 것이다.

📖 외운 단어에 ✔️ 표시하세요.

16.	**stomachache** ⑲ 복통, 위통	Stop eating, or you'll have a terrible **stomachache**. 그만 먹어라. 그렇지 않으면 너는 복통이 심할 것이다.
17.	**nature** ⑲ 자연	Turn off the radio, and you can hear the sounds of **nature**. 라디오를 꺼라. 그러면 너는 자연의 소리를 들을 수 있다.
18.	**focus** ⑧ 집중하다	**Focus** on studying, and you will get good grades on the tests. 공부에 집중해라. 그러면 너는 시험에서 좋은 성적을 얻을 수 있다.
19.	**male** ⑲ 남성, 수컷	Is your dog a **male** or a female? 너의 개는 수컷이니 암컷이니?
20.	**female** ⑲ 여성, 암컷	Is your dog a male or a **female**? 너의 개는 수컷이니 암컷이니?
21.	**wing** ⑲ 날개	It has **wings** but it can't fly. 그것은 날개가 있지만 날지 못한다.
22.	**diligent** ⑲ 부지런하고	Joe is **diligent** and honest. Joe는 부지런하고 정직하다.
23.	**toothache** ⑲ 치통	I went to the dentist because I had a **toothache**. 나는 치과에 갔다. 왜냐하면 치통이 있었기 때문이다.
24.	**lonely** ⑲ 외로운	He has no friend, so he feels **lonely**. 그는 친구가 없다. 그래서 외로움을 느낀다.
25.	**coat** ⑲ 코트, 외투	He took off his **coat** after he entered the room. 그는 방에 들어간 후에 코트를 벗었다.
26.	**enter** ⑧ 들어가다	He took off his coat after he **entered** the room. 그는 방에 들어간 후에 코트를 벗었다.
27.	**fruit** ⑲ 과일	They sell **fruits** and vegetables at the market. 그들은 시장에서 과일과 채소를 판다.
28.	**smoke** ⑧ 담배를 피우다	Stop **smoking**, and you will be healthy. 금연해라. 그러면 건강해질 것이다.
29.	**fail** ⑧ (시험에) 떨어지다, 낙제하다	Study hard, or you will **fail** the test. 열심히 공부해라. 그렇지 않으면 시험에 떨어질 것이다.
30.	**succeed** ⑧ 성공하다	Work hard, or you will not **succeed**. 열심히 일해라. 그렇지 않으면 성공하지 못할 것이다.

✏️ 다음 단어를 보고 알맞은 우리말 뜻을 쓰세요.

01. skin

02. turn

03. prefer

04. office

05. female

06. wing

07. dizzy

08. sick

09. oil

10. factory

11. poodle

12. diligent

13. toothache

14. lonely

15. coat

16. enter

17. itch

18. distance

19. messy

20. oversleep

21. healthy

22. gain

23. stomachache

24. nature

25. focus

26. male

27. fruit

28. smoke

29. fail

30. succeed

✏️ 다음 우리말 뜻을 보고 알맞은 단어를 쓰세요.

01. 변하다

16. 공장

02. 간지러운

17. 푸들

03. 거리

18. 피부

04. 지저분한

19. 기름

05. 어지러운

20. 늦잠을 자다

06. 토할 것 같은, 아픈

21. 건강한

07. 선호하다

22. 얻다

08. 사무실

23. 복통, 위통

09. 외로운

24. 자연

10. 코트, 외투

25. 집중하다

11. 들어가다

26. 남성, 수컷

12. 과일

27. 여성, 암컷

13. 담배를 피우다

28. 날개

14. (시험에) 떨어지다, 낙제하다

29. 부지런하고

15. 성공하다

30. 치통

★★★　　★★
서술형 문제로 개념 잡는
THE GRAMMAR SPY

진짜
초등 영문법
2

예믈사

서술형 문제로 개념 잡는

THE GRAMMAR SPY

진짜
초등 영문법 ②

WORKBOOK

예문사

서술형 문제로 개념 잡는
THE GRAMMAR SPY

진짜
초등 영문법 ②

WORKBOOK

예듬사

Key Sentence ▶ **They were in Germany.** 그들은 독일에 있었다.

- be동사의 현재형은 **am, are, is**이고, 과거형은 **was**와 **were**를 써요.

I	**am**	cute.	나는 귀엽다.
	was		나는 귀여**웠다**.
You	**are**	in the garden.	너는 정원에 **있다**.
	were		너는 정원에 **있었다**.

⭐ **Writing Practice 1** 주어진 단어를 이용하여 문장을 완성하세요. 필요하면 단어를 변형하세요.

1. 나는 제빵사였다. (be, a baker)
→ I ___was a baker___.

2. 그는 그 방에 있었다. (be, in the room)
→ He _____.

3. 그녀는 배가 고팠다. (be, hungry)
→ She _____.

4. 저것들은 내 것이었다. (be, mine)
→ Those _____.

5. 저것은 그의 모자였다. (be, his hat)
→ That _____.

6. 우리는 의사였다. (be, doctors)
→ We _____.

7. 그 개는 크기가 작았다. (be, small)
→ The dog _____.

8. 내 신발은 더러웠다. (be, dirty)
→ My shoes _____.

9. 나는 매우 기뻤다. (be, very glad)
→ I _____.

10. 그 바다는 매우 깨끗했다. (be, very clean)
→ The sea _____.

Key Sentence ▶ **Jen was a chef.** Jen은 요리사였다.

- 주어에 따라 be동사의 형태가 변해요.

주어	현재형	과거형
I	am	was
He / She / It / 단수 명사	is	
You / We / They / 복수 명사	are	were

⭐ Writing Practice 2 주어진 단어를 이용하여 문장을 완성하세요. 필요하면 단어를 변형하세요.

1. 곰 한 마리가 있었다. (be, a bear)

   → There ___was a bear___.

2. 곰 다섯 마리가 있었다. (be, five bears)

   → There _____.

3. 그녀는 유명한 모델이었다. (be, a famous model)

   → She _____.

4. 나는 유명한 모델이었다. (be, a famous model)

   → I _____.

5. 우리는 유명한 댄서였다. (be, famous dancers)

   → We _____.

6. 그는 유명한 댄서였다. (be, a famous dancer)

   → He _____.

7. 우리는 키가 작았다. (be, short)

   → We _____.

8. 그는 키가 작았다. (be, short)

   → He _____.

9. 그들은 기뻤다. (be, happy)

   → They _____.

10. 우리는 기뻤다. (be happy)

    → We _____.

Key Sentence ▶ We were on the same team last year.
우리는 작년에 같은 팀에 있었다.

- 다음과 같은 표현들과 함께 문장 속에서 과거를 나타내요.

	yesterday.	그들은 **어제** 유럽에 있었다.
They were in Europe	last year.	그들은 **작년에** 유럽에 있었다.
	two years ago.	그들은 **2년 전에** 유럽에 있었다.
	before.	그들은 **전에** 유럽에 있었다.

⭐ **Writing Practice 1** 주어진 단어를 이용하여 문장을 완성하세요. 필요하면 단어를 변형하세요.

1. 어제 그 길은 깨끗했다. (be, clean, yesterday)
→ The road ___was clean yesterday___.

2. 그는 2년 전에 중국에 있었다.
(be, in China, two years ago)
→ He _____.

3. 그것은 작년에 가장 높은 건물이었다.
(be, the tallest building, last year)
→ It _____.

4. 그는 전에 매우 약했다. (be, very weak, before)
→ He _____.

5. 전에 그 집은 우리 것이었다. (be, ours, before)
→ That house _____.

6. 우리는 어제 인도에 있었다. (be, in India, yesterday)
→ We _____.

7. 반지 하나가 어제 탁자 위에 있었다.
(be, a ring, on the table, yesterday)
→ There _____.

8. 그는 전에 매우 똑똑했다. (be, very smart, before)
→ He _____.

9. 그녀는 어제 화가 났다. (be, angry, yesterday)
→ She _____.

10. 그 문들은 10분 전에는 열려 있었다.
(be, open, 10 minutes ago)
→ The doors _____.

Key Sentence ▶ **I was a painter.** 나는 화가였다.

- be동사 과거형 뒤에 직업, 나이, 이름, 성별 등이 오면 '~이었다/였다', 장소나 소속 등이 오면 '~에 있었다'라는 의미가 돼요.

I was	a painter.	나는 화가**였다**.
He was	12 years old.	그는 12살**이었다**.
Her dog's name was	Max.	그녀의 개 이름은 Max**였다**.
She was	a cute girl.	그녀는 귀여운 소녀**였다**.
We were	in New York.	우리는 뉴욕에 **있었다**.

★ Writing Practice 2   주어진 단어를 이용하여 문장을 완성하세요. 필요하면 단어를 변형하세요.

1. 그녀는 작년에 20살이었다. (be, 20 years old, last year)
   → She ___was 20 years old last year___.

2. 우리는 우리 방에 있었다. (be, in our room)
   → We _____.

3. 그 개는 공원에 있었다. (be, in the park)
   → The dog _____.

4. 그는 작년에 학생이었다. (be, a student, last year)
   → He _____.

5. 그녀는 락 밴드의 멤버였다.
   (be, a member of the rock band)
   → She _____.

6. 나는 화장실에 있었다. (be, in the bathroom)
   → I _____.

7. 그는 귀여운 소년이었다. (be, a cute boy)
   → He _____.

8. 그들은 슈퍼마켓 앞에 있었다.
   (be, in front of, the supermarket)
   → They _____.

9. 우리는 병원에 있었다. (be, at the hospital)
   → We _____.

10. Fred는 학교에 있었다. (be, at school)
    → Fred _____.

Key Sentence ▶ **My cat wasn't in the park.** 나의 고양이는 공원에 없었다.

- **be동사 과거형 + not**의 형태로 쓰고, '**~가 아니었다, ~하지 않았다, ~에 없었다**'라는 의미로 써요.

	was	angry.	나는 화가 났다.
I	was **not**		나는 화가 나**지 않았다.**
They	were	at home.	그들은 집에 있었다.
	were **not**		그들은 집에 **없었다.**

※ was not은 wasn't로, were not은 weren't로 줄여서 써요.

★ Writing Practice 1   주어진 단어를 이용하여 문장을 완성하세요. 필요하면 단어를 변형하세요.

1. Tommy는 행복하지 않았다. (be, happy)   → Tommy ___wasn't happy___ .

2. Bob과 Jenny는 Mike의 친구가 아니었다.
   (be, Mike's friends)   → Bob and Jenny _____ .

3. 오늘은 좋은 날이 아니었다. (be, a great day)   → Today _____ .

4. 나는 어제 힘들지 않았다. (be, tired, yesterday)   → I _____ .

5. 그녀는 작년에 30살이 아니었다. (be, 30, last year)   → She _____ .

6. 우리는 박물관에 없었다. (be, in the museum)   → We _____ .

7. 우리는 작년 여름에 브라질에 없었다.
   (be, in Brazil, last summer)   → We _____ .

8. 나는 늦지 않았다. (be, late)   → I _____ .

9. 그의 책은 책가방에 없었다. (be, in his backpack)   → His book _____ .

10. Sue는 피곤하지 않았다. (be, tired)   → Sue _____ .

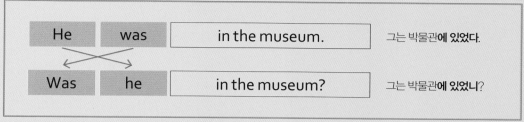

Key Sentence ▶ **Was he alone?** 그는 혼자였니?

- **be동사 + 주어 ~?**의 형태로 쓰고, '**~이었니/였니?, ~에 있었니?**'라는 의미로 써요.

He	was	in the museum.	그는 박물관에 있었다.
Was	he	in the museum?	그는 박물관에 있었니?

※ be동사 과거형의 의문문에 대한 대답은 Yes/No로 해요.

⭐ **Writing Practice 2**   주어진 단어를 이용하여 문장을 완성하세요. 필요하면 단어를 변형하세요.

1. 너는 집에 있었니? (be, at home)
→ _____Were___ you _____ at home _____?

2. Laura는 놀랐니? (be, surprised)
→ _____ Laura _____?

3. 너는 2000년에 태어났니? (be, born, in 2000)
→ _____ you _____?

4. 그는 학생이었니? (be, a student)
→ _____ he _____?

5. 그녀는 지난 주에 화가 났니? (be, angry, last week)
→ _____ she _____?

6. 너의 아버지는 경찰관이었니? (be, a policeman)
→ _____ your father _____?

7. 너는 어제 바빴니? (be, busy, yesterday)
→ _____ you _____?

8. 그녀는 수업에 늦었니? (be, late, for class)
→ _____ she _____?

9. 너는 이 도시에서 태어났니? (be, born, in this city)
→ _____ you _____?

10. 너는 제시간에 도착했니? (be, on time)
→ _____ you _____?

Key Sentence ▶ **He answered the questions.** 그는 그 질문에 대답했다.

[**규칙 동사**의 과거형]

대부분의 동사	-ed를 붙여요.	work ➜ worked
-e로 끝나는 동사	-d를 붙여요.	like ➜ liked
자음＋y로 끝나는 동사	y를 i로 고치고 -ed를 붙여요.	study ➜ studied
『단모음＋단자음』으로 끝나는 동사	마지막 자음을 한 번 더 쓰고 -ed를 붙여요.	stop ➜ stopped

⭐ **Writing Practice 1** 주어진 단어를 이용하여 문장을 완성하세요. 필요하면 단어를 변형하세요.

1. 나는 빵집에서 일했다. (work, in the bakery)
→ I _____worked in the bakery_____ .

2. 우리는 어제 함께 공부했다. (study, together, yesterday)
→ We _____ .

3. 그녀는 핸드폰을 떨어뜨렸다. (drop, her cell phone)
→ She _____ .

4. 그들은 나에게 말했다. (talk, to me)
→ They _____ .

5. 그는 개를 좋아했다. (like, dogs)
→ He _____ .

6. 그녀는 아침에 도착했다. (arrive, in the morning)
→ She _____ .

7. 그의 아들은 많이 울었다. (cry, a lot)
→ His son _____ .

8. 그는 나를 이해하려고 노력했다. (try to, understand, me)
→ He _____ .

9. 그는 소리지르기 시작했다. (start, to scream)
→ He _____ .

10. 그녀는 문을 닫았다. (close, the door)
→ She _____ .

Key Sentence ▶ # Jessica ate breakfast 30 minutes ago.
Jessica는 30분 전에 밥을 먹었다.

[불규칙 동사의 과거형]

현재형과 모양이 다른 동사	go ➔ went	do ➔ did	have ➔ had	make ➔ made	come ➔ came
	eat ➔ ate	run ➔ ran	drink ➔ drank	say ➔ said	buy ➔ bought
	meet ➔ met	see ➔ saw	write ➔ wrote	tell ➔ told	give ➔ gave
현재형과 모양이 같은 동사	cut ➔ cut	hit ➔ hit	put ➔ put	read ➔ read	hurt ➔ hurt

★ Writing Practice 2   주어진 단어를 이용하여 문장을 완성하세요. 필요하면 단어를 변형하세요.

1. 그녀는 어제 Jim을 만났다. (meet, Jim yesterday)
   → She ___met Jim yesterday___.

2. 나는 어제 책 다섯 권을 읽었다.
   (read, five books, yesterday)
   → I _____.

3. 그는 홈런 한 개를 쳤다. (hit, a home run)
   → He _____.

4. 그녀는 면을 잘랐다. (cut, the noodles)
   → She _____.

5. 나는 주머니에 손을 넣었다.
   (put, my hands, in the pockets)
   → I _____.

6. 그녀는 나에게 그녀의 여행에 대해 말해줬다.
   (tell, me, about her trip)
   → She _____.

7. 나는 작년에 시 30편을 썼다.
   (write, 30 poems, last year)
   → I _____.

8. 나는 오전에 설거지를 했다.
   (do, the dishes, in the morning)
   → I _____.

9. 그는 여러 번 똑같은 걸 말했다.
   (say, the same thing, several times)
   → He _____.

10. 어떤 사람들은 말고기를 먹었다. (eat, horse meat)
    → Some people _____.

★ ★ ★

Key Sentence ▶ **I didn't like her.** 나는 그녀를 좋아하지 않았다.

- 일반동사 과거형의 부정문은 '~하지 않았다'라는 뜻으로, 주어의 인칭과 수에 상관없이
  <did not + 동사원형>을 써요.

긍정문	I		wanted	the blue jeans.	나는 그 청바지를 **원했다.**
부정문		did not	want		나는 그 청바지를 **원하지 않았다.**

※ did + not은 didn't로 줄여 쓸 수 있어요. I **didn't** want the blue jeans.

⭐ Writing Practice 1 주어진 단어를 이용하여 문장을 완성하세요. 필요하면 단어를 변형하세요.

1. 그는 스페인에 갔다. (go, to Spain)
   → He _____went to Spain_____.

2. 그는 스페인에 가지 않았다. (go, to Spain)
   → He _____.

3. 그녀는 곱슬 머리였다. (have, curly hair)
   → She _____.

4. 그녀는 곱슬 머리가 아니었다. (have, curly hair)
   → She _____.

5. 그는 그녀에게 차를 줬다. (give, a car, to her)
   → He _____.

6. 그는 그녀에게 차를 주지 않았다. (give, a car, to her)
   → He _____.

7. 우리는 새 냄비를 샀다. (buy, a new pot)
   → We _____.

8. 우리는 새 냄비를 사지 않았다. (buy, a new pot)
   → We _____.

9. 그들은 100미터를 달렸다. (run, 100 meters)
   → They _____.

10. 그들은 100미터를 달리지 않았다. (run, 100 meters)
    → They _____.

Key Sentence ▶ **Did** you study last night? 너는 어젯밤에 공부했니?

- 일반동사 과거형의 의문문은 '~했니?'라는 뜻으로, 주어의 인칭과 수에 상관없이 **<Did + 주어 + 동사원형 ~?>**을 써요.

긍정문		She	**knew**	my name.	그녀는 내 이름을 **알았다.**
부정문	Did	**she**	**know**	my name?	그녀는 내 이름을 **알았니?**

※ 의문문에 대한 대답은 긍정이면 〈Yes, 주어 + did.〉, 부정이면 〈No, 주어 + didn't.〉로 해요.

⭐ **Writing Practice 2**   주어진 단어를 이용하여 문장을 완성하세요. 필요하면 단어를 변형하세요.

1. 그는 우유를 마셨다. (drink, milk)
   → He _____ drank milk _____.

2. 그는 우유를 마셨니? (drink, milk)
   → _____ he _____?

3. 그들은 나의 생일 파티에 왔다.
   (come, to my birthday party)
   → They _____.

4. 그들은 나의 생일 파티에 왔니?
   (come, to my birthday party)
   → _____ they _____?

5. 너는 동물원에서 Daniel을 봤다.
   (see, Daniel, at the zoo)
   → You _____.

6. 너는 동물원에서 Daniel을 봤니?
   (see, Daniel, at the zoo)
   → _____ you _____?

7. 그는 그녀의 기분을 상하게 했다.
   (hurt, her feelings)
   → He _____.

8. 그는 그녀의 기분을 상하게 했니?
   (hurt, her feelings)
   → _____ he _____?

9. 그녀는 놀라운 기록을 세웠다.
   (set, the amazing record)
   → She _____.

10. 그녀는 놀라운 기록을 세웠니?
    (set, the amazing record)
    → _____ she _____?

★ ★ ★

Key Sentence **My dad cooked lunch.** 나의 아빠는 점심을 요리했다.

• be동사 과거형과 일반동사 과거형은 다음과 같이 구별할 수 있어요.

be동사의 과거형		일반동사의 과거형	
주어에 따라 동사가 변함		주어에 상관없이 동사 자체가 변함	
주어가 I / He / She / It일 때	주어가 You / We / They일 때	규칙 동사	불규칙 동사
was	were	worked wanted lived liked studied stopped	went had came bought said read

⭐ **Writing Practice 1** 주어진 단어를 이용하여 문장을 완성하세요. 필요하면 단어를 변형하세요.

1. 그는 기차 역에 있었다. (be, at the train station)
→ He _____was at the train station_____.

2. 나는 어제 바빴다. (be, busy, yesterday)
→ I _____.

3. 나는 영어를 배웠다. (learn, English)
→ I _____.

4. 그는 전철역에 갔다. (go, to the subway station)
→ He _____.

5. 나의 부모님은 놀라셨다. (be, surprised)
→ My parents _____.

6. Ben은 Emily를 파티에서 봤다. (see, Emily, at the party)
→ Ben _____.

7. 그 고양이는 지붕 위에 있었다. (be, on the roof)
→ The cat _____.

8. 그들은 많은 질문을 했다. (ask, many questions)
→ They _____.

9. John은 그의 선물을 열었다. (open, his present)
→ John _____.

10. 아이들은 정원에 있었어. (be, in the garden)
→ The children _____.

Key Sentence ▶ # He and I were 11 years old last year.
작년에 그와 나는 11살이었다.

• be동사 과거형과 일반동사 과거형은 문장의 형태가 달라요.

	be동사의 과거형	일반동사의 과거형
긍정문	주어 + was / were ~.	주어 + 일반동사의 과거형 ~.
부정문	주어 + was / were not (wasn't / weren't) ~.	주어 + did not (didn't) + 동사원형 ~.
의문문	Was / Were + 주어 ~?	Did + 주어 + 동사원형 ~?

✪ Writing Practice 2 주어진 단어를 이용하여 문장을 완성하세요. 필요하면 단어를 변형하세요.

1. Emily는 케이크를 구웠다. (bake, a cake)
   → Emily _____baked a cake_____.

2. Mike는 어제 회사에 있었니? (be, at work, yesterday)
   → _____ Mike _____?

3. 우리 가족은 스페인을 여행했다. (travel, to Spain)
   → My family _____.

4. 할아버지가 컵을 떨어뜨리셨다. (drop, the cup)
   → Grandfather _____.

5. 그녀는 옳지 않았다. (be, correct)
   → She _____.

6. Ben은 그의 택시를 운전했다. (drive, his taxi)
   → Ben _____.

7. 너희 둘 다 준비가 됐니? (be, ready)
   → _____ you both _____?

8. 내 남동생은 화가 나지 않았다. (be, angry)
   → My brother _____.

9. 그 남자는 모든 답을 알았다. (know, all the answers)
   → The man _____.

10. 내 고양이는 아팠다. (be, sick)
    → My cat _____.

Key Sentence ▶ **I am dancing with my friends.**
나는 친구들과 춤을 추고 있다.

- **진행형**은 '~하고 있다', '~하고 있었다'라는 의미로, 현재와 과거의 어느 시점에서 진행하거나 진행했던 일을 나타내요.

I	walk	to school.	나는 걸어서 학교에 간다.
	am walking		나는 걸어서 학교에 가고 있다.

⭐ Writing Practice 1 주어진 단어를 이용하여 문장을 완성하세요. 필요하면 단어를 변형하세요.

1. 우리는 너를 기다리고 있다. (are, wait, for, you)
→ We _____are waiting for you_____.

2. 그는 지금 이탈리아에서 일하고 있다. (is, work, in Italy, now)
→ He _____.

3. 그는 탁자 위에 서 있다. (is, stand, on the table)
→ He _____.

4. 우주는 팽창하고 있다. (is, expand)
→ The universe _____.

5. 그녀는 수학을 가르치고 있다. (is, teach, math)
→ She _____.

6. 그들은 동네 공원에 가고 있다. (are, go, to the local park)
→ They _____.

7. 그는 스케이트보드를 타고 있다. (is, skateboard)
→ He _____.

8. Alice는 TV를 보고 있다. (is, watch, TV)
→ Alice _____.

9. 그녀는 저녁 밥을 먹고 있다. (is, eat, dinner)
→ She _____.

10. 나는 지금 생각하고 있다. (am, think, now)
→ I _____.

Key Sentence ▶ **I am tying a rope.** 나는 줄을 묶고 있다.

[동사원형 + -ing 만들기]

대부분의 동사	동사원형 + -ing	go (가다) ➜ going
-e로 끝나는 동사	e를 없애고 -ing	make (만들다) ➜ making
-ie로 끝나는 동사	ie를 y로 고치고 -ing	lie (눕다) ➜ lying
『단모음 + 단자음』으로 끝나는 동사	자음을 한 번 더 쓰고 -ing	run (달리다) ➜ running

※ **love** (사랑하다), **know** (알다), **have** (가지고 있다)와 같이 감정이나, 생각, 소유 등을 나타내는 동사는 진행형으로 쓸 수 없어요. 하지만 have가 '먹다'라는 뜻일 때는 진행형으로 쓸 수 있어요.

⭐ **Writing Practice 2**   주어진 단어를 이용하여 문장을 완성하세요. 필요하면 단어를 변형하세요.

1. 그는 풀밭에 누워 있다. (is, lie, on the grass)

→ He _____is lying on the grass_____.

2. 그녀와 그녀의 애완견은 달리고 있다. (are, run)

→ She and her dog _____.

3. 아빠는 설거지를 하고 있다. (is, do, the dishes)

→ My father _____.

4. 우리 언니는 책을 읽고 있다. (is, read, a book)

→ My sister _____.

5. 그는 지금 오고 있다. (is, come, now)

→ He _____.

6. 그녀는 정원에서 걷고 있다. (is, walk, in the garden)

→ She _____.

7. 그는 그의 차를 고치고 있다. (is, fix, his car)

→ He _____.

8. 나는 그 배를 기둥에 묶고 있다.
(am, tie, the ship, to the post)

→ I _____.

9. 나는 그를 도와주고 있다.
(am, give, him, a helping hand)

→ I _____.

10. 그들은 결혼케이크를 자르고 있다.
(are, cut, the wedding cake)

→ They _____.

Key Sentence ▶ **She is looking for his house.** 그녀는 그의 집을 찾고 있다.

• **현재진행형**은 '**~하고 있다**'라는 뜻으로, 주어가 **지금 하고 있는 동작이나 일**을 나타내요.

주어	be동사의 현재형	동사원형 + -ing
I	am	
You / We / They	are	sleeping.
He / She / It	is	

⭐ **Writing Practice 1** 주어진 단어를 이용하여 문장을 완성하세요. 필요하면 단어를 변형하세요.

1. Peter와 Sam은 농구를 하고 있다. (be, play basketball)
→ Peter and Sam ___are playing basketball___.

2. Brown은 울고 있다. (be, cry)
→ Brown _____.

3. 할머니는 낮잠을 주무시고 계신다. (be, take a nap)
→ Grandma _____.

4. Katie와 나는 침대 위에서 뛰고 있다.
(be, jump, on the bed)
→ Katie and I _____.

5. David는 이를 닦고 있다. (be, brush his teeth)
→ David _____.

6. 나는 사진을 찍고 있다. (be, take a photo)
→ I _____.

7. 나의 사촌들은 연못에서 낚시를 하고 있다.
(be, fish, in the pond)
→ My cousins _____.

8. Ted는 개를 산책시키고 있다. (be, walk his dog)
→ Ted _____.

9. 너는 샌드위치를 먹고 있다. (be, eat a sandwich)
→ You _____.

10. 아이들은 숨바꼭질을 하고 있다. (be, play hide-and-seek)
→ The kids _____.

Key Sentence ▶ **Gina was passing over the bridge.**

Gina는 다리를 건너고 있었다.

- 과거진행형은 '~하고 있었다'라는 뜻으로, 주어가 **과거의 어느 때에 하고 있던 동작이나 일**을 나타내요.

주어	be동사의 현재형	동사원형 + -ing
I	**was**	
You / We / They	**were**	running.
He / She / It	**was**	

⭐ **Writing Practice 2**　주어진 단어를 이용하여 문장을 완성하세요. 필요하면 단어를 변형하세요.

1. 나는 수학을 공부하고 있었다. (be, study, math)

   → I _____ was studying math _____.

2. John은 내 펜을 사용하고 있었다. (be, use, my pen)

   → John _____.

3. Joseph은 영화관에 가고 있었다.
   (be, go to the movie theater)

   → Joseph _____.

4. Leah는 바이올린을 연주하고 있었다. (be, play the violin)

   → Leah _____.

5. 우리는 럭비를 하고 있었다. (be, play rugby)

   → We _____.

6. 나는 밤 10시에 자고 있었다. (be, sleep, at 10 p.m.)

   → I _____.

7. 나는 숙제를 하고 있었다. (be, do my homework)

   → I _____.

8. 우리는 아침을 먹고 있었다. (be, have breakfast)

   → We _____.

9. Noah는 나무를 자르고 있었다. (be, cut a tree)

   → Noah _____.

10. 그녀는 뜨개질을 하고 있었다. (be, knit)

    → She _____.

★ ★ ★

Key Sentence ▶ # He isn't swimming in the pool.
그는 수영장에서 수영하고 있지 않다.

- 진행형의 부정문은 '~하고 있지 않(았)다'라는 뜻으로, <be동사 + not + 동사원형 + -ing>로 써요.

| He | is(was) | riding a bicycle. | 그는 자전거를 타고 있(었)다. |

↓

| He | is(was) not | riding a bicycle. | 그는 자전거를 타고 있지 않(았)다. |

※ is not은 isn't로, are not은 aren't로 줄여서 써요.

 **Writing Practice 1**   주어진 단어를 이용하여 문장을 완성하세요. 필요하면 단어를 변형하세요.

1. Bob은 앉아 있지 않았다. (be, sit down)
→ Bob _____wasn't sitting down_____.

2. Peter는 밖에서 놀고 있지 않다. (be, play, outside)
→ Peter _____.

3. 나는 설거지를 하고 있지 않았다. (be, wash the dishes)
→ I _____.

4. 그녀는 시험을 보고 있지 않았다. (be, take a test)
→ She _____.

5. 그는 산책을 하고 있지 않았다. (be, go for a walk)
→ He _____.

6. 우리는 점심을 만들고 있지 않다. (be, make lunch)
→ We _____.

7. Tom과 Lily는 아이스크림을 먹고 있지 않았다. (be, eat ice cream)
→ Tom and Lily _____.

8. Jenny는 전화하고 있지 않았다. (be, call)
→ Jenny _____.

9. 그 소년은 공놀이를 하고 있지 않았다. (be, play with a ball)
→ The boy _____.

10. 그들은 길을 건너고 있지 않았다. (be, cross the road)
→ They _____.

Key Sentence ▶ **Was she looking for the movie ticket?**

그녀는 영화표를 찾고 있었니?

• 진행형의 의문문은 '~하고 있(었)니?'라는 뜻으로, <be동사 + 주어 + 동사원형 + -ing ~?>로 써요.

You	are(were)	skating.	너는 스케이트를 타고 있(었)다.
Are(Were)	**you**	skating?	너는 스케이트를 타고 있(었)니?

⭐ **Writing Practice 2**   주어진 단어를 이용하여 문장을 완성하세요. 필요하면 단어를 변형하세요.

1. 너는 새로운 영화를 보고 있었니? (be, watch, a new film) → ___Were___ you ___watching a new film___ ?

2. 너의 어머니는 정원에서 일하고 계시니?
   (be, work, in the garden) → _____ your mother _____ ?

3. 너는 지금 휴대폰으로 전화하고 있니?
   (be, talk, on your cell phone) → _____ you _____ ?

4. 그는 그의 자전거를 타고 있었니? (be, ride, his bike) → _____ he _____ ?

5. 너희들은 길을 걷고 있었니? (be, walk, on the street) → _____ you _____ ?

6. Tony는 음악을 듣고 있니? (be, listen, to music) → _____ Tony _____ ?

7. 그는 꽃에 물을 주고 있니? (be, water, the flowers) → _____ he _____ ?

8. 그녀는 그때 춤을 추고 있었니?
   (be, dance, at that moment) → _____ she _____ ?

9. Ian과 그의 고양이는 나를 보고 있니? (be, look, at me) → _____ Ian and his cat _____ ?

10. 그녀는 학교에 가고 있었니? (be, go, to school) → _____ she _____ ?

Key Sentence ▶ I will buy a new pen. 나는 새로운 펜을 살 것이다.

- 미래형은 주어의 인칭과 수에 관계없이 **<will + 동사원형>**의 형태로 써요.

I	help	you.	나는 너를 도와준다.
	will help		나는 너를 도와줄 것이다.

★ Writing Practice 1　주어진 단어를 이용하여 문장을 완성하세요. 필요하면 단어를 변형하세요.

1. 우리 팀이 경주에서 이길 것이다. (will, wins, the race)
   → Our team ___will win the race___.

2. 나는 운전하는 법을 배울 것이다. (will, learn, how to drive)
   → I _____.

3. 나는 버터를 조금 살 것이다. (will, buy, some butter)
   → I _____.

4. 저 책은 너의 머리 위로 떨어질 것이다.
   (will, falls, on your head)
   → That book _____.

5. 그는 친구들과 저녁을 먹을 것이다.
   (will, has, dinner, with his friends)
   → He _____.

6. 우리는 곧 결혼할 것이다. (will, marry, soon)
   → We _____.

7. 우리는 부모님과 외식을 할 것이다.
   (will, eat out, with our parents)
   → We _____.

8. 우리 7시에 만날 것이다. (will, meet, at 7 o'clock)
   → We _____.

9. 그녀가 창문을 열 것이다. (will, opens, the window)
   → She _____.

10. 그녀는 자전거를 팔 것이다. (will, sells, her bicycle)
    → She _____.

Key Sentence ▶ **I will have breakfast with my friend tomorrow.** 나는 내일 친구와 함께 아침을 먹을 것이다.

• 과거형, 현재형, 미래형은 **동사의 형태**와 **때를 나타내는 표현**에 따라 달라져요.

시제	동사의 형태	때를 나타내는 표현
과거	She **learned** French	**before.** (전에) / **yesterday.** (어제) / **last week.** (지난 주에)
현재	She **learns** French	**now.** (지금) / **right now.** (바로 지금)
미래	She **will learn** French	**later.** (나중에) / **tomorrow.** (내일) / **next week.** (다음 주에)

⭐ **Writing Practice 2**   주어진 단어를 이용하여 문장을 완성하세요. 필요하면 단어를 변형하세요.

1. 내일 비가 올 것이다. (will, rains, tomorrow)
→ It ＿＿＿＿will rain tomorrow＿＿＿＿.

2. Ann과 Rick은 내년 여름에 여행할 것이다.
(will, travel, next summer)
→ Ann and Rick ＿＿＿＿＿＿＿＿＿＿＿.

3. 우리는 다음 주에 서울에 갈 것이다.
(will, go to Seoul, next week)
→ We ＿＿＿＿＿＿＿＿＿＿＿＿＿.

4. Sally는 Ben에게 나중에 말해줄 것이다.
(will, tells, Ben, later)
→ Sally ＿＿＿＿＿＿＿＿＿＿＿＿.

5. 그녀는 내년에 차를 살 것이다.
(will, buys, a car, next year)
→ She ＿＿＿＿＿＿＿＿＿＿＿＿＿.

6. 해가 내일 아침 6시에 뜰 것이다.
(will, rises, at 6, tomorrow)
→ The sun ＿＿＿＿＿＿＿＿＿＿＿.

7. Mike는 오늘 밤 강아지를 한 마리를 살 것이다.
(will, buys, a puppy, tonight)
→ Mike ＿＿＿＿＿＿＿＿＿＿＿＿.

8. 나는 나중에 너에게 영수증을 보낼 것이다.
(will, send, you, the receipt, later)
→ I ＿＿＿＿＿＿＿＿＿＿＿＿＿＿.

9. Josh는 다음 주에 베를린에 갈 것이다.
(will, flies, to Berlin, next week)
→ Josh ＿＿＿＿＿＿＿＿＿＿＿＿.

10. 우리 아빠는 9시에 치과에 갈 것이다.
(will, visits, the dentist, at 9)
→ My father ＿＿＿＿＿＿＿＿＿＿.

> **Key Sentence** ▶ **Ben** is going to **find a new job.**
> Ben은 새로운 직장을 찾을 것이다.

• **be동사**는 주어에 따라 **am/is/are**로 바뀌고 **<be going to + 동사원형>**의 형태로 써요.

| I | have | a party. | 나는 파티를 연다. |
| | am going to have | | 나는 파티를 열 것이다. |

★ Writing Practice 1　주어진 단어를 이용하여 문장을 완성하세요. 필요하면 단어를 변형하세요.

1. 우리는 오늘 서울에 갈 것이다.
   (be going to, go, to Seoul, today)
   → We ___are going to go to Seoul today___.

2. 그녀의 부모님이 이번 경기를 볼 것이다.
   (be going to, see, this match)
   → Her parents _____.

3. Ron은 번지점프를 할 것이다.
   (be going to, go, bungee jumping)
   → Ron _____.

4. Donna는 골프를 칠 것이다.
   (be going to, play, golf)
   → Donna _____.

5. 그들은 바다를 항해할 것이다.
   (be going to, sail, the seas)
   → They _____.

6. 나는 친구에게 전화를 걸 것이다.
   (be going to, call, my friend)
   → I _____.

7. Joe는 오렌지 껍질을 벗길 것이다.
   (be going to, peel, the oranges)
   → Joe _____.

8. 우리는 해변에 갈 것이다.
   (be going to, go, to the beach)
   → We _____.

9. 그들은 나의 집을 고칠 것이다.
   (be going to, fix, my house)
   → They _____.

10. 나는 나의 돼지 저금통을 깰 것이다.
    (be going to, break, my piggy bank)
    → I _____.

Key Sentence **He's going to take a picture.** 그는 사진을 찍을 것이다.

· <주어 + **be going to**>는 줄여 쓸 수 있어요.

I	am going to	I'm going to
He / She / It	is going to	He's / She's / It's going to
You / We / They	are going to	You're / We're / They're going to

Writing Practice 2 주어진 단어를 줄여써서 문장을 완성하세요. 필요하면 단어를 변형하세요.

1. 우리는 이 경주에서 우승할 것이다. (We, be going to) → _____We're going to_____ win this race.

2. 그녀는 약을 조금 먹을 것이다. (She, be going to) → _____ take some pills.

3. 그들은 그들의 돈을 다 잃을 것이다. (They, be going to) → _____ lose all their money.

4. 우리는 많은 선물을 살 것이다. (We, be going to) → _____ buy lots of presents.

5. 나는 이 맛있는 음식을 다 먹을 것이다. (I, be going to) → _____ eat this delicious meal.

6. 비가 매우 많이 올 것이다. (It, be going to) → _____ rain very heavily.

7. 우리는 이탈리아에서 휴가를 보낼 것이다. (We, be going to) → _____ spend the holidays in Italy.

8. 나는 맛있는 케이크를 구울 것이다. (I, be going to) → _____ bake a delicious cake.

9. 그는 군인이 될 것이다. (He, be going to) → _____ be a soldier.

10. 그녀는 오늘 일찍 잘 것이다. (She, be going to) → _____ go to sleep early today.

★ ★ ★

Key Sentence   **We**'re not going to **meet Jenny.**
우리는 Jenny를 만나지 않을 것이다.

- **미래형의 부정문**은 '**~하지 않을 것이다, ~하지 않을 예정이다**'라는 뜻으로, 앞으로 일어나지 않을 일을 나타낼 때 사용해요.

We	will not	go out tonight.	우리는 오늘 밤 밖에 나가지 않을 것이다.
It	is not going to	snow.	눈이 오지 않을 것이다.

※ will not은 won't로 줄여서 써요.

 Writing Practice 1   주어진 단어를 이용하여 문장을 완성하세요. 필요하면 단어를 변형하세요.

1. 그는 오늘 학교에 오지 않을 것이다.
(will, comes, to school, today)
→ He _____won't come to school today_____.

2. 우리는 버스를 타지 않을 것이다.
(be going to, take, a bus)
→ We _____.

3. 나는 그녀의 졸업식에 가지 않을 것이다.
(will, go, to her, graduation ceremony)
→ I _____.

4. Tyler는 할머니를 방문하지 않을 것이다.
(will, visits, his, grandmother)
→ Tyler _____.

5. 그는 나에게 새로운 소식을 말해 주지 않을 것이다.
(will, tells, me, the news)
→ He _____.

6. 그는 잔디에 물을 주지 않을 것이다.
(be going to, waters, the lawn)
→ He _____.

7. 그 기차는 12시에 떠나지 않을 것이다.
(will, leaves, at 12)
→ The train _____.

8. 나는 답을 확인하지 않을 것이다.
(be going to, check, the answer)
→ I _____.

9. 그 개는 너를 물지 않을 것이다. (will, bites, you)
→ The dog _____.

10. 나는 전화를 받지 않을 것이다. (will, answer, the phone)
→ I _____.

Key Sentence ▶ **Will you clean the bedroom?** 너는 침실을 청소할 거니?

- 미래형의 의문문은 '~할 거니?'라는 뜻으로, **<Will + 주어 + 동사원형 ~?/Be동사 + 주어 + going to + 동사원형 ~?>**로 써요.

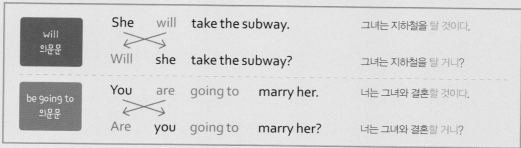

will 의문문	She will take the subway.	그녀는 지하철을 탈 것이다.
	Will she take the subway?	그녀는 지하철을 탈 거니?
be going to 의문문	You are going to marry her.	너는 그녀와 결혼할 것이다.
	Are you going to marry her?	너는 그녀와 결혼할 거니?

★ Writing Practice 2 주어진 단어를 이용하여 문장을 완성하세요. 필요하면 단어를 변형하세요.

1. 그는 집에 머물 거니? (be going to, stay, at home)
→ _____ he _____?

2. 너는 수의사가 될 거니? (will, be, a vet)
→ _____ you _____?

3. 너는 책을 반납할 거니? (be going to, return, books)
→ _____ you _____?

4. 그녀는 집에서 편히 쉴 거니? (will, relax, at home)
→ _____ she _____?

5. 그는 Rose와 영화를 볼 거니?
(be going to, see, a movie, with Rose)
→ _____ he _____?

6. 너는 식료품을 살 거니? (will, buy, groceries)
→ _____ you _____?

7. 우리는 동물원에 갈 거니? (be going to, go, to the zoo)
→ _____ we _____?

8. 너는 파란색 드레스를 입을 거니?
(will, wear, the blue dress)
→ _____ you _____?

9. 그는 머리를 자를 거니? (will, cut, his hair)
→ _____ he _____?

10. 너는 등산할 거니?
(be going to, hike up, the mountain)
→ _____ you _____?

★ ★ ★

Key Sentence ▶ **Does he have an old eraser?**
그는 오래된 지우개를 가지고 있니?

• 부정관사 **a/an**은 셀 수 있는 **명사가 단수**일 때 쓰며, **고유명사, 셀 수 없는 명사, 명사의 복수형** 앞에는 쓸 수 없어요.

명사가 자음으로 시작할 때	**a**	**a** book, **a** pen, **a** red apple, **a** big orange
명사가 모음으로 시작할 때	**an**	**an** apple, **an** egg, **an** orange, **an** old man
명사의 발음이 자음으로 시작할 때	**a**	**a** university (첫 글자 u가 모음이지만 자음으로 발음)
명사의 발음이 모음으로 시작할 때	**an**	**an** hour (첫 글자 h가 자음이지만 모음으로 발음)

⭐ **Writing Practice 1** 주어진 단어를 이용하여 문장을 완성하세요. a나 an 중 알맞은 말을 고르고 필요 없으면 X표를 고르세요.

1. 우리는 동물원에서 코끼리를 봤어.
   (elephant, at the zoo)
   → We saw (a /⟨an⟩/ ×) _____ elephant at the zoo _____.

2. 그들은 정직한 학생들이다. (honest, students)
   → They are (a / an / ×) _____.

3. Ben은 휴가 때 호텔에 머물 것이다.
   (hotel, on his vacation)
   → Ben will stay in (a / an / ×) _____.

4. Dan은 오래된 자켓을 입었다. (old, jacket)
   → Dan wore (a / an / ×) _____.

5. 나는 우산을 쓸 것이다. (umbrella)
   → I will use (a / an / ×) _____.

6. Sally는 꽃병에 꽃을 꽂는다. (flowers, in a vase)
   → Sally puts (a / an / ×) _____.

7. Mike는 검은색 넥타이를 맬 것이다. (black, tie)
   → Mike will wear (a / an / ×) _____.

8. 나의 삼촌은 런던에 산다. (lives, in)
   → My uncle _____ (a / an / ×) London.

9. 그는 일주일에 두 번 그녀를 방문한다. (her, twice)
   → He visits _____ (a / an / ×) week.

10. 나는 한 시간에 1km를 걸을 수 있어. (walk, 1 km)
    → I can _____ (a / an / ×) hour.

Key Sentence ▶ **The Earth is round.** 지구는 둥글다.

- 정관사 **the**는 '**바로 그 ~**'라는 뜻으로 특정한 어떤 것을 가리킬 때 쓰며, 자음과 모음에 상관없이 다음과 같은 경우에 써요.

처음 말한 것을 다시 말할 때	I have a book. **The** book is interesting.	나는 책 한 권을 갖고 있다. 그 책은 재미있다.	
서로 알고 있는 것을 말할 때	Open **the** window.	(그) 창문을 열어라.	
세상에 하나 밖에 없는 것 앞에	**the** sun 해 **the** Earth 지구	**the** moon 달 **the** sea 바다	**the** sky 하늘 **the** world 세계
연주를 하는 악기 이름 앞에	play **the** piano 피아노를 치다		play **the** drum 드럼을 치다
위치와 방향 앞에	**the** left 왼쪽 **the** west 서쪽	**the** right 오른쪽 **the** top 정상	**the** east 동쪽 **the** end 끝

※ 운동 경기, 식사, 교통수단 앞에는 the를 쓰지 않아요. ex) soccer, tennis, breakfast, lunch, by bus, by train

⭐ **Writing Practice 2** 주어진 단어를 이용하여 문장을 완성하세요. 필요하면 단어를 변형하세요.

1. 나는 바이올린을 아주 잘 연주할 수 있다.
   (play, violin, very well)
   → I can _____ play the violin very well _____.

2. 우리는 7시에 저녁을 먹는다. (eat, dinner, at 7)
   → We _____.

3. 지구는 태양 주위를 돈다. (moves, around, sun)
   → The Earth _____.

4. 태평양은 한국의 동쪽에 있다. (is, to, east, of Korea)
   → The Pacific Ocean _____.

5. 그 병원은 왼쪽에 있다. (is, on, left)
   → The hospital _____.

6. 하늘에 있는 구름을 봐라. (the clouds, in, sky)
   → Look at _____.

7. 창문을 열어 주세요. (open, window)
   → Please _____.

8. 그들은 밤에 농구를 한다. (play, basketball, at night)
   → They _____.

9. 나에게는 고양이가 있다. 그 고양이는 검은색이다.
   (cat, is, black)
   → I have a cat. _____.

10. 그녀는 지하철로 학교에 간다. (goes, to school, by subway)
    → She _____.

> **Key Sentence** ▶ **He doesn't like any coffee.**
> 그는 어떤 커피도 좋아하지 않는다.

- **some**과 **any**는 '**몇몇의, 약간의**'라는 뜻으로, 주로 셀 수 있는 명사의 복수형과 셀 수 없는 명사 앞에 와요.

some	주로 **긍정문**에 사용하고 **권유**나 **허락**을 구하는 **의문문**에도 사용해요.	I have **some** cookies. 나는 쿠키가 조금 있다.
any	**부정문**에 사용하고 **의문문**에서는 '**조금이라도, 아무거나**'를 의미해요.	I don't have **any** cookies. 나는 쿠키가 하나도 없다.

⭐ Writing Practice 1   some과 any 중 맞는 것을 고르고 주어진 단어를 이용하여 문장을 완성하세요.

1. 부엌에 차가 좀 있니? (tea, in the kitchen)
   → Is there (some /~~any~~) ___tea in the kitchen___ ?

2. 너는 여자형제가 있니? (sisters)
   → Do you have (some / any) _____ ?

3. Nate는 빵을 조금 가지고 있다. (bread)
   → Nate has (some / any) _____ .

4. 우리는 지금 도움이 전혀 필요하지 않다. (help, now)
   → We don't need (some / any) _____ .

5. 물 좀 드시겠어요? (water)
   → Would you like (some / any) _____ ?

6. 너희 집에 램프가 좀 있니? (lamps, in your house)
   → Are there (some / any) _____ ?

7. 그녀는 고기를 전혀 먹지 않는다. (meat)
   → She doesn't eat (some / any) _____ .

8. 접시 위에 샌드위치가 조금 있다. (sandwiches, on the plate)
   → There are (some / any) _____ .

9. 교실에 남자 아이들이 조금 있니? (boys, in the classroom)
   → Are there (some / any) _____ ?

10. 이 정원에는 꽃이 조금도 없다. (flowers, in this garden)
    → There aren't (some / any) _____ .

Key Sentence ▶ **He put all the books in the garage.**
그는 모든 책을 차고에 넣었다.

- **all**과 **every**는 둘 다 '**모든 ~**'이라는 뜻이지만, 다음과 같은 차이가 있어요.

all	all + 복수 명사	**All** flowers **are** beautiful. 모든 꽃들은 아름답다.	**All the/of the** students **learn** English. 모든 학생들은 영어를 배운다.
every	every + 단수 명사	**Every** flower **is** beautiful. 모든 꽃은 아름답다.	**Every** student **learns** English. 모든 학생은 영어를 배운다.

★ Writing Practice 2 주어진 단어를 이용하여 문장을 완성하세요. 필요하면 단어를 변형하세요.

1. 나는 모든 채소들을 좋아한다. (like, all, vegetable) → I _____ like all vegetables _____.

2. 그는 어제 모든 책을 읽었다. (read, every, book, yesterday) → He _____.

3. 그녀는 모든 물병들을 씻었다. (washed, all, the bottle) → She _____.

4. 나는 그 병원의 모든 의사를 안다.
   (know, every, doctor, in the hospital) → I _____.

5. 여기 모든 집들이 똑같이 생겼다. (all, the house, here) → _____ look the same.

6. 그는 모든 연필을 사용했다. (used, every, pencil) → He _____.

7. 모든 언어에는 명사가 있다. (every, language, has) → _____ nouns.

8. 그녀는 모든 인형들을 좋아하지 않는다. (doesn't like, all, doll) → She _____.

9. 그들은 모든 오렌지들을 먹었다. (ate, all, the orange) → They _____.

10. 여기 모든 학생은 게으르다. (every, student, here) → _____ is lazy.

Key Sentence ▶ Every house **has a garden.** 모든 집에는 정원이 있다.

- **a/an, some, any, all, every**는 모두 **셀 수 있는 명사** 앞에 쓸 수 있어요.

a / an / every + 셀 수 있는 단수 명사	some / any / all + 셀 수 있는 복수 명사
a pen	**some** pens
an umbrella	**any** umbrellas
every child	**all** (the) children

⭐ **Writing Practice 1**   주어진 단어를 이용하여 문장을 완성하세요. 필요하면 단어를 변형하세요.

1. 나는 과자를 조금 먹고 싶다. (want to, eat, some, chip)
   → I _____want to eat some chips_____.

2. 모든 장미는 빨간색이니? (be, all, rose)
   → _____ red?

3. 나는 마실 것이 필요하다. (need, a, drink)
   → I _____.

4. 너의 접시에 달걀 샌드위치가 있다. (be, an, egg sandwich)
   → There _____ on your plate.

5. 모든 차에는 엔진이 있다. (all, car, have)
   → _____ engines.

6. 나는 어떤 모자도 갖고 있지 않다. (have, any, hat)
   → I don't _____.

7. 냉장고에 포도가 좀 있니? (be, there, any, grape)
   → _____ in the refrigerator?

8. 모든 기차는 이 역에 선다. (every, train, stop)
   → _____ at this station.

9. 문어는 다리가 8개다. (an, octopus, has)
   → _____ eight legs.

10. 나는 모든 새를 좋아하지 않는다. (like, all, bird)
    → I don't _____.

Key Sentence ▶ You can take some CDs. 너는 CD 몇 장을 가져가도 된다.

- a/an, the, some, any, all, every는 문장의 **주어**나 **목적어** 자리에 올 수 있어요.

주어 자리	목적어 자리
A dog is feeding its baby in the picture. 그림에서 개 한 마리가 새끼를 먹이고 있다.	She likes **the kitten**. 그녀는 그 새끼 고양이를 좋아한다.
Some classes start at 8. 어떤 수업들은 8시에 시작한다.	I don't have **any money**. 나는 돈이 하나도 없다.
All the girls like the singer. 모든 소녀들은 그 가수를 좋아한다.	They like **every song** by the singer. 그들은 그 가수의 모든 노래를 좋아한다.

⭐ Writing Practice 2   주어진 단어를 이용하여 문장을 완성하세요. 필요하면 단어를 변형하세요.

1. 모든 전등이 나갔다. (all, light, were)
   → _____All lights were_____ out.

2. 나는 그 책장에 있는 책 몇 권을 읽었다.
   (some, book, on the shelf)
   → I read _____.

3. 나는 모든 음악을 좋아한다. (like, all, music)
   → I _____.

4. 나는 창문 몇 개를 닦았다. (cleaned, some, window)
   → I _____.

5. 나의 아들이 그 케이크를 먹었다. (ate, the, cake)
   → My son _____.

6. 모든 책은 흥미롭다. (every, book, be)
   → _____ interesting.

7. 그녀는 모든 소녀들을 초대했다. (invited, all, the girl)
   → She _____.

8. 모든 아이에게 사랑이 필요하다. (Every, child, needs)
   → _____ love.

9. 나는 어떤 책도 갖고 있지 않다. (have, any, book)
   → I don't _____.

10. 모든 학생이 그 시험을 통과했다. (Every, student, passed)
    → _____ the test.

Key Sentence ▶ **It is bad to tell a lie.** 거짓말을 하는 것은 나쁘다.

• to부정사는 '~하는 것'이라는 의미로 주어의 역할을 해요. 이 경우에 보통 주어 자리에 **가짜 주어 (가주어) it**을 쓰고 **진짜 주어(진주어) to부정사**를 뒤로 보내요.

To play the guitar is fun. 주어	To tell a lie is bad. 주어
→ It is fun to play the guitar. 가주어　　　　진주어	→ It is bad to tell a lie. 가주어　　　진주어

★ Writing Practice 1　주어진 단어를 이용하여 문장을 완성하세요. 필요하면 단어를 추가하세요.

1. 유명한 배우가 되는 것이 그의 꿈이다.
   (his dream, be, a famous actor)
   → It is _his dream to be a famous actor_.

2. 영어를 배우는 것은 어렵다. (learn, English, is)
   → _____ difficult.

3. 해변에 가는 것은 즐겁다. (go, to the beach, is)
   → _____ exciting.

4. 케이크를 만드는 것은 쉽지 않다. (not, easy, make, a cake)
   → It is _____.

5. 영화를 보는 것은 내 취미이다. (my hobby, watch, movies)
   → It is _____.

6. 그녀의 직업은 채소를 파는 것이다. (sell, vegetables, is)
   → _____ her job.

7. 트럭을 운전하는 것은 쉽지 않다. (not, easy, drive, a truck)
   → It is _____.

8. 아침에 일찍 일어나는 것은 어렵다.
   (difficult, get up, early, in the morning)
   → It is _____.

9. 선생님이 되는 것이 그의 소망이다. (become, a teacher, is)
   → _____ his wish.

10. 나의 임무는 무고한 사람들을 보호하는 것이다.
    (my, duty, protect, innocent people)
    → It is _____.

Key Sentence ▶ **They want to go to the zoo.** 그들은 동물원에 가기를 원한다.

• **to부정사**는 동사의 **목적어**와 주어의 성질, 상태 등을 보충 설명하는 **보어**의 역할을 해요.

목적어 역할	to부정사를 목적어로 쓰는 동사 : **want** (원하다)　　**like** (좋아하다) **hope** (희망하다)　　**need** (필요하다) **decide** (결심하다)　　**plan** (계획하다) 등	They want **to go** to the zoo. 그들은 동물원에 **가기를** 원한다.
보어 역할	'~하는 것이다'라는 의미로 주어의 성질, 상태 등을 보충 설명해요.	My dream is **to become** a writer. 내 꿈은 작가가 **되는 것이다.**

⭐ **Writing Practice 2**　다음 우리말과 일치하도록, 주어진 단어를 바르게 배열하여 문장을 완성하세요.

1. 그는 유럽에 가기로 결심했다.
(to, go, Europe, decided, to)
→ He ____decided to go to Europe____ .

2. 그녀의 소망은 작가가 되는 것이다.
(is, a writer, to, become)
→ Her hope _____ .

3. 나는 테니스 클럽에 가입하기를 원한다.
(join, to, the, tennis club)
→ I want _____ .

4. Jess는 책 읽는 것을 좋아한다.
(books, likes, to, read)
→ Jess _____ .

5. Sam은 그 질문에 대답하는 것을 거절했다.
(answer, the, refused, question, to)
→ Sam _____ .

6. 나는 곧 그녀를 만나기를 희망한다.
(soon, to, her, hope, meet)
→ I _____ .

7. 그녀는 안경을 써야 한다.
(glasses, needs, wear, to)
→ She _____ .

8. 나는 그 소설을 읽기로 결심했다.
(to, novel, decided, the, read)
→ I _____ .

9. 너는 쉬어야 한다. (a break, to, need, take)
→ You _____ .

10. 그의 꿈은 돈을 많이 버는 것이다.
(a lot of, to, money, make, is)
→ His dream _____ .

Key Sentence ▶ **I have something** to say. 나는 무언가 말할 것이 있다.

- to부정사의 **형용사적 용법**은 '**~하는, ~할**'이라는 의미로, 형용사처럼 명사와 대명사를 꾸며줘요.

> Justin buys a book **to read**.　　　　Justin은 읽을 책 한 권을 산다.
>
> I have something **to say**.　　　　나는 무언가 말할 것이 있다.

⭐ **Writing Practice 1**　다음 우리말과 일치하도록, 주어진 단어를 바르게 배열하여 문장을 완성하세요.

1. 그들은 마실 것이 아무것도 없다.
   (drink, to, have, nothing)
   → They _____have nothing to drink_____ .

2. 나는 살 아파트를 찾고 있다.
   (an apartment, looking for, live in, to)
   → I'm _____ .

3. 나는 너에게 보여줄 사진이 있다.
   (you, to, have, show, a picture)
   → I _____ .

4. Ted는 그 모자를 살 돈이 없다.
   (no, buy, has, to, money, the hat)
   → Ted _____ .

5. 그는 팔 자동차가 있다. (a car, sell, to, has)
   → He _____ .

6. 나는 지금 입을 것이 아무것도 없다.
   (now, to, nothing, wear, have)
   → I _____ .

7. 그것은 물을 절약할 좋은 방법이다.
   (save, to, a good way, water)
   → It's _____ .

8. 나는 살 것이 많다.
   (buy, a lot of, to, things, have)
   → I _____ .

9. 그녀는 세탁해야 할 옷이 있다.
   (has, wash, clothes, to)
   → She _____ .

10. 그는 캐나다를 방문할 계획이 있다.
    (Canada, has, to, a plan, visit)
    → He _____ .

Key Sentence ▶ I go to Busan to visit my uncle.

나는 삼촌을 방문하기 위해 부산에 간다.

- to부정사의 **부사적 용법**은 부사처럼 동사, 형용사 등을 꾸며주고, **목적, 감정의 원인, 결과** 등의 의미를 나타내요.

목적	'~하기 위해, ~하려고'라는 의미	He tries hard **in order to** get a job. 그는 일자리를 얻기 위해 노력한다.
감정의 원인	'~해서, ~하게 되어서'라는 의미	I'm happy **to work** with you. 나는 너와 **일하게 되어서** 행복하다.
결과	'(결국) ~하다'라는 의미	He lived **to be** 100 years old. 그는 100세가 **될 때까지** 살았다.

⭐ Writing Practice 2   다음 우리말과 일치하도록, 주어진 단어를 바르게 배열하여 문장을 완성하세요.

1. 나는 너를 만나게 되어서 매우 기쁘다.
   (to, happy, see, very, you)
   → I'm _____ very happy to see you _____.

2. 그는 시험에 합격하기 위해 열심히 공부했다.
   (hard, to, studied, the exam, pass)
   → He _____.

3. Edison은 84세가 될 때까지 살았다.
   (84 years old, be, to, lived)
   → Edison _____.

4. 그는 일자리를 얻기 위해 열심히 노력했다.
   (in order to, hard, get, tried, a job)
   → He _____.

5. 나는 너의 초대를 받아서 기쁘다.
   (your, receive, invitation, to, pleased)
   → I'm _____.

6. 그녀는 그 소식을 듣고 슬펐다.
   (the new, sad, hear, to, was)
   → She _____.

7. 나는 결승전에서 이겨서 흥분했다.
   (was, win, excited, to, the final game)
   → I _____.

8. 그는 자라서 훌륭한 변호사가 되었다.
   (be, a great lawyer, to, grew up)
   → He _____.

9. 나는 영어를 배우러 캐나다에 갈 것이다.
   (to, English, Canada, go, learn, to)
   → I'll _____.

10. 그녀는 노숙자를 보고 슬펐다.
    (the homeless, to, was, see, sad)
    → She _____.

Key Sentence ▶ Cooking **is difficult.** 요리하는 것은 어렵다.

• **동명사**는 '**~하는 것은, ~하기는**'이라는 의미로 **주어** 역할을 해요.

동명사 주어	**Cooking** is difficult. 주어	요리하는 것은 어렵다.
동명사구 주어	**Making new friends** is exciting. 주어	새로운 친구를 사귀는 것은 신난다.

⭐ **Writing Practice 1**　다음 우리말과 일치하도록, 주어진 단어를 바르게 배열하여 문장을 완성하세요.

1. 산책은 건강에 좋다. (is, Taking, a walk)
→ ___Taking a walk is___ good for health.

2. 일기를 매일 쓰는 것은 쉽지 않다.
   (every day, Keeping, is, a diary)
→ _____ not easy.

3. 낚시하는 것이 나의 취미이다.
   (Going, is, fishing)
→ _____ my hobby.

4. 아이들을 돌보는 것은 어렵다.
   (children, care of, Taking, is)
→ _____ difficult.

5. 강에서 수영하는 것은 위험하다.
   (is, Swimming, in, the river)
→ _____ dangerous.

6. 롤러코스터를 타는 것은 신난다.
   (a roller coaster, is, Riding)
→ _____ exciting.

7. 손톱을 물어뜯는 것은 나쁜 습관이다.
   (your nails, is, Biting)
→ _____ a bad habit.

8. 전 세계를 여행하는 것이 그의 꿈이다.
   (the world, Traveling, is, around)
→ _____ his dream.

9. 친구를 사귀는 것은 쉽지 않다. (is, friends, Making)
→ _____ not easy.

10. 애완동물을 기르는 것은 좋은 일이다. (Keeping, is, pets)
→ _____ a good thing.

Key Sentence ▶ **They enjoy** taking **walks.** 그들은 산책하는 것을 즐긴다.

- **동명사**도 동사의 **목적어**와 주어의 성질, 상태를 보충 설명하는 **보어**의 역할을 해요.

동사의 목적어 역할	동명사를 목적어로 쓰는 동사 : **enjoy** (즐기다), **stop** (멈추다), **finish** (끝내다), **mind** (꺼리다), **keep** (계속하다) 등	They enjoy **taking** walks. 그들은 산책**하는 것**을 즐긴다.
전치사의 목적어 역할	전치사 뒤에 쓰여 전치사의 목적어 역할을 해요.	Thank you for **inviting** me. 나를 **초대해줘서** 고마워.
보어 역할	'~**하는 것이다**'라는 의미로 주어의 성질, 상태 등을 보충 설명해요.	My hobby is **watching** movies. 내 취미는 영화를 **보는 것**이다.

⭐ **Writing Practice 2** 주어진 단어를 이용하여 문장을 완성하세요. 필요하면 단어를 변형하세요.

1. 나의 꿈은 파리에서 사는 것이다. (is, live, in Paris)
→ My dream _____is living in Paris_____.

2. 그녀는 그녀의 숙제를 끝냈다.
(finished, do, her homework)
→ She _____.

3. 그는 쿠키 만드는 것을 잘 한다.
(is, good at, make, cookies)
→ He _____.

4. 나는 그녀를 잃는 것이 두렵다.
(am, afraid of, lose, her)
→ I _____.

5. Mary는 도쿄에서 운전하는 것이 두렵다.
(is, worried about, drive, in Tokyo)
→ Mary _____.

6. 나는 비디오 게임 하는 것을 좋아한다.
(like, play, video games)
→ I _____.

7. 내 계획은 기차로 여행하는 것이다.
(is, travel, by train)
→ My plan _____.

8. 나에게 저녁을 사줘서 고맙다.
(you, for, buy, me, dinner)
→ Thank _____.

9. 그는 조종사가 되는 것을 자랑스러워한다.
(is, proud of, be, a pilot)
→ He _____.

10. 그녀는 그녀의 부모님과 산책하는 것을 즐긴다.
(enjoys, walk, with, her parents)
→ She _____.

> **Key Sentence** ▶ I **like** cherries / to sleep / studying English.
> 나는 체리를 / 자는 것을 / 영어 공부하는 것을 좋아한다.

- 동사 **like**는 뒤에 **명사, to부정사, 동명사**가 올 수 있으며, '**~을 좋아하다, ~하기를 좋아하다**'라는 의미를 나타내요.

like	+ 명사	~을 좋아하다	She likes cherries. 그녀는 체리를 좋아한다.
	+ to부정사	~하기를 좋아하다	I like to sleep. 나는 자는 것을 좋아한다.
	+ 동명사		They like studying English. 그들은 영어 공부하는 것을 좋아한다.

⭐ Writing Practice 1 주어진 단어를 이용하여 문장을 완성하세요. 필요하면 단어를 변형하세요.

1. 그녀는 독서를 좋아한다. (like, read, books)
→ She __likes to read / reading books__ .

2. 그는 스키 타는 것을 좋아하지 않는다. (not, like, ski)
→ He _____ .

3. Sara는 더운 여름날을 좋아한다. (like, hot summer days)
→ Sara _____ .

4. 나는 그림 그리는 것을 좋아한다. (like, draw, pictures)
→ I _____ .

5. 너는 자전거 타는 것을 좋아하니? (like, ride, a bicycle)
→ Do you _____ ?

6. Yuri는 테니스 치는 것을 좋아한다. (like, play, tennis)
→ Yuri _____ .

7. 그녀와 나는 춤추는 것을 좋아한다. (like, dance)
→ She and I _____ .

8. Jess는 가족을 위해 요리하는 것을 좋아한다.
(like, cook, for his family)
→ Jess _____ .

9. 그는 쿠키 만드는 것을 좋아한다. (like, make, cookies)
→ He _____ .

10. 나는 스포츠를 좋아하지 않는다. (not, like, sports)
→ I _____ .

Key Sentence ▶

I want some water / to eat some chocolate.
나는 물을 조금 / 초콜릿을 조금 먹기를 원한다.

- 동사 **want**는 뒤에 **명사나 to부정사**가 올 수 있으며, '**~을 원하다, ~하기를 원하다**'라는 의미를 나타내요.

want	+ 명사	~을 원하다	I want some water. 나는 물을 조금 원한다.
	+ to부정사	~하기를 원하다	He wants to talk with me. 그는 나와 이야기하는 것을 원한다.

⭐ **Writing Practice 2**   주어진 단어를 이용하여 문장을 완성하세요. 필요하면 단어를 변형하세요.

1. 그녀는 새 신발을 원한다.
   (want, new shoes)

   → She _____wants new shoes_____.

2. 그는 너의 도움을 원하지 않는다.
   (not, want, your, help)

   → He _____.

3. 나는 오늘 집에 머물기를 원한다.
   (want, stay, at home, today)

   → I _____.

4. 그는 토끼를 키우기를 원한다.
   (want, keep, a rabbit)

   → He _____.

5. 내 친구들은 깨끗한 물을 마시는 것을 원한다.
   (want, drink, fresh water)

   → My friends _____.

6. 나의 엄마는 내 돈을 원하지 않는다.
   (not, want, my money)

   → My mom _____.

7. Jack은 역사 교사가 되기를 원한다.
   (want, be, a history teacher)

   → Jack _____.

8. 그녀는 치즈를 조금 사기를 원한다.
   (want, buy, some cheese)

   → She _____.

9. 그 학생들은 새로운 도서관을 원한다.
   (want, a new library)

   → The students _____.

10. 그는 지금 저녁 먹기를 원한다.
    (want, have, dinner, now)

    → He _____.

Key Sentence ▶ **I feel good today.** 나는 오늘 기분이 좋다.

- 감각동사 뒤에는 **형용사**가 오며 '**~하게 느끼다, ~해 보이다, ~하게 들리다**'라는 의미를 나타내요.

feel + 형용사	~하게 느끼다	I **feel** good today. 나는 오늘 기분이 좋다.
look + 형용사	~해 보이다	He **looks** tired. 그는 피곤해 보인다.
sound + 형용사	~하게 들리다	It **sounds** good. 그것은 좋게 들린다.

⭐ Writing Practice 1　주어진 단어를 이용하여 문장을 완성하세요. 필요하면 단어를 변형하세요.

1. 그녀는 갈증을 느꼈다. (feel, thirsty)
　→ She _____ felt thirsty _____.

2. 너는 곧 기분이 좋아질 것이다. (feel, better, soon)
　→ You will _____.

3. 그녀의 목소리는 아름답게 들린다. (sound, beautiful)
　→ Her voice _____.

4. Andrew는 행복해 보인다. (look, happy)
　→ Andrew _____.

5. 그녀는 더 이상 슬프지 않다. (not, feel, sad, anymore)
　→ She _____.

6. 그의 계획은 완벽하게 들린다. (sound, perfect)
　→ His plan _____.

7. 그는 젊게 보이지 않는다. (not, look, young)
　→ He _____.

8. 너의 머리 스타일은 좋아 보인다. (look, good)
　→ Your hairstyle _____.

9. 그것은 매우 이상하게 들린다. (sound, very, strange)
　→ It _____.

10. 그 피자는 맛있어 보이지 않는다. (not, look, delicious)
　→ The pizza _____.

Key Sentence ▶ **She looks like an angel.** 그녀는 천사처럼 보인다.

- **감각동사** 뒤에는 **like + 명사**가 와서 '**~한 느낌이다**, **~처럼 보이다**, **~처럼 들리다**'라는 의미를 나타내요.

feel like + 명사	~한 느낌이다 ~을 하고 싶다	I **feel like** a fool. 나는 바보가 **된 느낌이** 든다. I **feel like** a cup of coffee. 나는 커피 한 잔을 **마시고 싶다.**
look like + 명사	~처럼 보이다	She **looks like** an angel. 그녀는 천사**처럼 보인다.**
sound like + 명사	~처럼 들리다	It **sounds like** a good idea. 그것은 좋은 생각**처럼 들린다.**

⭐ **Writing Practice 2** 주어진 단어를 이용하여 문장을 완성하세요. 필요하면 단어를 변형하세요.

1. 그녀는 모델처럼 보인다. (look like, a model)
→ She ___looks like a model___.

2. 그것은 완벽한 계획처럼 들린다.
(sound like, a perfect plan)
→ It _____.

3. 너는 아이스크림을 먹고 싶니? (feel like, ice cream)
→ Do you _____?

4. 그녀는 젊은 가수처럼 보이지 않는다.
(not, look like, a young singer)
→ She _____.

5. 나는 요리를 하고 싶지 않다. (not, feel like, cooking)
→ I _____.

6. 그는 영웅이 된 느낌이 든다. (feel like, a hero)
→ He _____.

7. 그것은 천둥처럼 들린다. (sound like, thunder)
→ It _____.

8. 그것은 유령 마을처럼 보인다. (look like, a ghost town)
→ It _____.

9. 그녀는 음악을 듣고 싶지 않다.
(not, feel like, listening to music)
→ She _____.

10. 그 개구리는 큰 풍선처럼 보인다. (look like, a big, balloon)
→ The frog _____.

Key Sentence ▶ **She gives him a flower.** 그녀는 그에게 꽃 한 송이를 준다.

- 수여동사 뒤에는 **<간접목적어 + 직접목적어>**의 순서로 써요.

give (~에게 ~을 주다)	She **gives** him a flower. 그녀는 그에게 꽃 한 송이를 준다.
buy (~에게 ~을 사주다)	I **bought** Peter a new camera. 나는 Peter에게 새 카메라를 사줬다.
make (~에게 ~을 만들어 주다)	Dad **makes** me a tree house. 아빠는 나에게 나무 집을 만들어 준다.
send (~에게 ~을 보내다)	He will **send** you a card. 그는 너에게 카드를 보낼 것이다.
ask (~에게 ~을 묻다)	He **asked** me my email address. 그는 나에게 이메일 주소를 물었다.

⭐ **Writing Practice 1** 주어진 단어를 이용하여 문장을 완성하세요. 필요하면 단어를 변형하세요.

1. 그녀는 나에게 돈을 조금 주었다. (give, me, some money) → She ___gave me some money___ .

2. 그는 Jack에게 모자를 사 주었다. (buy, Jack, a hat) → He _____ .

3. 그의 아버지는 나에게 편지를 보냈다. (send, me, a letter) → His father _____ .

4. 나는 그녀에게 피자를 만들어 주었다. (make, her, pizza) → I _____ .

5. 그는 나에게 많은 질문을 했다. (ask, me, lots of questions) → He _____ .

6. John은 그녀에게 선물을 보냈다. (send, her, a gift) → John _____ .

7. 나의 엄마는 우리에게 애플 파이를 만들어 주셨다. (make, us, apple pies) → My mom _____ .

8. Susan은 나에게 문자 메시지를 보냈다. (send, me, a text message) → Susan _____ .

9. 그는 그녀에게 연을 만들어 주었다. (make, her, a kite) → He _____ .

10. Lisa는 Mike에게 그의 이메일 주소를 물었다. (ask, Mike, his email address) → Lisa _____ .

Key Sentence ▶ She **gives** a flower **to** him. 그녀는 그에게 꽃 한송이를 준다.

• <간접목적어 + 직접목적어>는 <직접목적어 + to / for / of + 간접목적어>로 바꿔 쓸 수 있어요.

to를 쓰는 동사	give, send	She **gives** him a flower. ➜ She **gives** a flower **to** him. I **sent** you an email yesterday. ➜ I **sent** an email **to** you yesterday.
for를 쓰는 동사	buy, make	I **bought** Peter a new camera. ➜ I **bought** a new camera **for** Peter. She **made** me a snowman. ➜ She **made** a snowman **for** me.
of를 쓰는 동사	ask	He **asked** me a favor. ➜ He **asked** a favor **of** me.

⭐ **Writing Practice 2**   주어진 단어를 이용하여 문장을 완성하세요. 필요하면 단어를 추가하세요.

1. 그녀는 나에게 돈을 좀 주었다.
(gave, some money, me)
→ She ___gave some money to me___.

2. Amy는 그에게 빨간 셔츠를 사 줬다.
(bought, a red shirt, him)
→ Amy _____.

3. 나는 어제 그녀에게 장미를 보냈다.
(sent, roses, her, yesterday)
→ I _____.

4. Jenny는 그에게 빵을 조금 만들어 줬다.
(made, some bread, him)
→ Jenny _____.

5. 그는 사장에게 그 질문들을 했다.
(asked, those questions, the boss)
→ He _____.

6. 나의 엄마는 나에게 새 신발을 사주셨다.
(bought, new shoes, me)
→ My mom _____.

7. 나는 Susan에게 문자 메시지를 보냈다.
(sent, a text message, Susan)
→ I _____.

8. 그는 그의 아들에게 큰 연을 만들어 줬다.
(made, a big kite, his son)
→ He _____.

9. 그들은 그녀에게 그것을 물었다.
(asked, that, her)
→ They _____.

10. Jason은 나에게 사전을 주었다. (gave, a dictionary, me)
→ Jason _____.

★ ★ ★

Key Sentence ▶ I bought some bread and milk. 나는 빵과 우유를 조금 샀다.

- **접속사**는 두 개 이상의 **단어와 단어, 구와 구, 문장과 문장**을 연결해주는 말이에요.

단어, 구, 문장	접속사	단어, 구, 문장
oranges	**and**	apples
in the room	**or**	in the living room
I like winter,	**but**	she likes summer.

⭐ Writing Practice 1   주어진 단어를 이용하여 문장을 완성하세요. 필요하면 단어를 추가하세요.

1. 이 꽃은 튤립이니 장미니? (a tulip, a rose)
   → Is this flower ___a tulip or a rose___ ?

2. 우리는 점심으로 피자와 빵을 먹는다.
   (pizza, bread, for lunch)
   → We have _____.

3. 그녀는 귀엽지만 게으르다. (cute, lazy)
   → She is _____.

4. 너의 개는 수컷이니 암컷이니? (a male, a female)
   → Is your dog _____?

5. 그 차는 낡았지만 비싸다. (old, expensive)
   → The car is _____.

6. 나는 초콜릿과 아이스크림을 싫어한다.
   (chocolate, ice cream)
   → I dislike _____.

7. 그녀는 도쿄와 런던에 갔다. (Tokyo, London)
   → She went to _____.

8. Jen은 가수지만 유명하지 않다.
   (a singer, she, is, not, famous)
   → Jen is _____.

9. 그는 학교에서 수학과 과학을 배운다.
   (math, science, at school)
   → He learns _____.

10. 그녀는 너의 엄마니 아니면 이모니?
    (your mom, your aunt)
    → Is she _____?

Key Sentence ▶ **He was hungry and thirsty.** 그는 배가 고프고 목이 말랐다.

• 접속사 **and**, **but**, **or**은 다음과 같이 쓸 수 있어요.

and	서로 비슷한 내용을 연결할 때 사용	He was hungry **and** thirsty.	그는 배가 고프고 목이 말랐다.
but	서로 반대되는 내용을 연결할 때 사용	It is big **but** cute.	그것은 크지만 귀엽다.
or	둘 중 하나를 선택할 때 사용	Do you like pizza **or** chicken?	너는 피자를 좋아하니, 치킨을 좋아하니?

⭐ **Writing Practice 2** 주어진 단어를 이용하여 문장을 완성하세요. 필요하면 단어를 추가하세요.

1. 너는 슬프니 아니면 행복하니?
   (sad, are, you, happy)
   → Are you ___sad or are you happy___ ?

2. Jack과 Don은 오랜 친구다. (Jack, Don, are)
   → _____ old friends.

3. 우리는 해변에 버스나 기차로 간다.
   (to the beach, by bus, train)
   → We go _____ .

4. 그들은 시장에서 과일과 채소를 판다.
   (fruits, vegetables, at the market)
   → They sell _____ .

5. 그는 키가 크지만 그의 손은 작다.
   (tall, his hands, are, small)
   → He is _____ .

6. 그 집에는 방이 두 개 그리고 화장실이 두 개 있다.
   (two rooms, two bathrooms)
   → The house has _____ .

7. 그들은 가난하지만 행복하다.
   (poor, they, are, happy)
   → They are _____ .

8. 그것은 날개가 있지만 날지 못한다. (wings, it, can't, fly)
   → It has _____ .

9. Joe는 부지런하고 정직하다. (diligent, honest)
   → Joe is _____ .

10. 식탁에 컵과 포크가 있다. (cups, forks, on the table)
    → There are _____ .

Key Sentence ▶ **I turn off the light** before **I sleep.** 나는 자기 전에 불을 끈다.

- before, after, because, so는 **문장과 문장**을 연결하는 역할을 해요.

문장	접속사	문장
I take a shower	**before**	I go to bed.
Mark goes to bed	**after**	he brushes his teeth.
I like him	**because**	he is handsome.
It is summer,	**so**	the weather is hot.

✪ Writing Practice 1   주어진 단어를 이용하여 문장을 완성하세요. 필요하면 단어를 추가하세요.

1. 나는 그가 매우 친절하기 때문에 그를 좋아한다.
   (him, he, is, very, kind)
   → I like ___him because he is very kind___.

2. 수학은 어렵다. 그래서 나는 수학을 싫어한다.
   (difficult, I, don't like, it)
   → Math is _____.

3. 그녀는 자기 전에 샤워를 한다.
   (a shower, she, goes, to bed)
   → She takes _____.

4. 그는 아이들이 방에서 나간 후에 청소를 한다.
   (the room, his kids, go, out)
   → He cleans _____.

5. 나는 학교에 달려갔다. 왜냐하면 늦게 일어났기 때문이다.
   (to school, I, got up, late)
   → I ran _____.

6. 나는 늦게 일어났다. 그래서 나는 학교에 달려갔다.
   (late, I, ran, to school)
   → I got up _____.

7. 나는 치과에 갔다. 왜냐하면 치통이 있었기 때문이다.
   (to the dentist, I, had, a toothache)
   → I went _____.

8. Amy가 집에 도착한 후에 비가 왔다.
   (rained, Amy, came, home)
   → It _____.

9. 그녀는 떠나기 전에 메시지를 남겼다.
   (a message, she, left)
   → She left _____.

10. 그는 친구가 없다. 그래서 외로움을 느낀다.
    (no friends, he, feels, lonely)
    → He has _____.

Key Sentence ▶ He watches TV **after** he finishes his homework.
그는 숙제를 끝낸 후에 TV를 본다.

- 접속사 **before, after, because, so**는 다음과 같이 쓸 수 있어요.

before	시간 관계를 나타낼 때 사용	She cleans her room **before** she goes out. 그녀는 밖에 나가기 전에 그녀의 방을 청소한다.
after	시간 관계를 나타낼 때 사용	He drinks water **after** he exercises. 그는 운동을 한 후에 물을 마신다.
because	원인이나 이유를 나타낼 때 사용	I don't like math **because** it's difficult. 나는 수학을 좋아하지 않는다. 왜냐하면 그것은 어렵기 때문이다.
so	원인과 결과를 나타낼 때 사용	Math is difficult, **so** I don't like it. 수학은 어렵다. 그래서 나는 수학을 좋아하지 않는다.

★ Writing Practice 2 · 주어진 단어를 이용하여 문장을 완성하세요. 필요하면 단어를 추가하세요.

1. 나는 피곤했다. 그래서 일찍 잤다.
(tired, I, went to bed, early)
→ I was ___tired, so I went to bed early___.

2. 우리가 역에 도착하기 전에 기차가 떠났다.
(left, we, arrived, at the station)
→ The train ___.

3. 나는 설거지를 안 했다. 왜냐하면 피곤했기 때문이다.
(wash the dishes, I, was, tired)
→ I didn't ___.

4. 그는 방에 들어간 후에 코트를 벗었다.
(his coat, he, entered, the room)
→ He took off ___.

5. 나는 어젯밤에 못 자서 지금 졸리다.
(sleep last night, I'm, sleepy, now)
→ I couldn't ___.

6. 그들은 배가 고파서 피자를 시켰다.
(hungry, they, ordered, pizza)
→ They were ___.

7. 엄마는 저녁을 하기 전에 낮잠을 잔다.
(a nap, she, makes, dinner)
→ My mom takes ___.

8. 들어오기 전에 문을 두드려라. (the door, you, enter)
→ Knock on ___.

9. 그녀는 숙제를 한 후에 피로를 느꼈다.
(tired, she, finished, her homework)
→ She felt ___.

10. 그는 여기 오기 전에 은행에서 일했다.
(at the bank, he, came, here)
→ He worked ___.

Go to bed early, and you will get better.
일찍 자라. 그러면 너는 더 좋아질 것이다.

- **명령문** 뒤에 **and**가 오면 '**~해라. 그러면 ~할 것이다**'라는 의미를 나타내요.

명령문 + 쉼표(.)	접속사	주어 + will ~.
Go to bed early, 일찍 자라.	and 그러면	you will get better. 너는 더 좋아질 것이다.
Turn right at the corner, 모퉁이에서 오른쪽으로 돌아라.		you will find the store. 너는 그 가게를 찾을 것이다.

⭐ Writing Practice 1 주어진 단어를 이용하여 문장을 완성하세요. 필요하면 단어를 추가하세요.

1. 서둘러라. 그러면 너는 버스를 탈 것이다.
   (up, you, catch, the bus)
   → Hurry ___up, and you will catch the bus___.

2. 열심히 공부해라. 그러면 시험에 합격할 것이다.
   (hard, you, pass, the exam)
   → Study _____.

3. 샤워를 해라. 그러면 기분이 나아질 것이다.
   (a shower, you, feel, better)
   → Take _____.

4. 여기서 기다려라. 그러면 그를 만날 것이다.
   (here, you, meet, him)
   → Wait _____.

5. 책을 많이 읽어라. 그러면 영리해질 것이다.
   (many books, you, be smart)
   → Read _____.

6. 일찍 일어나라. 그러면 일출을 볼 것이다.
   (early, you, see, the sunrise)
   → Get up _____.

7. 나에게 전화해라. 그러면 도와줄 것이다.
   (me, I, help, you)
   → Call _____.

8. 금연해라. 그러면 건강해질 것이다.
   (smoking, you, be, healthy)
   → Stop _____.

9. 파티에 가라. 그러면 그녀를 만날 것이다.
   (to the party, you, meet, her)
   → Go _____.

10. 창문을 닫아라. 그러면 따뜻해 질 것이다.
    (the window, you, be, warm)
    → Close _____.

Walk fast, or you will be late.

빨리 걸어라. 그렇지 않으면 너는 늦을 것이다.

- **명령문** 뒤에 **or**이 오면 '**~해라. 그렇지 않으면 ~할 것이다**'라는 의미를 나타내요.

명령문 + 쉼표(,)	접속사	주어 + will ~.
Hurry up, 서울러라.	or 그렇지 않으면	you will be late for school. 너는 학교에 늦을 것이다.
Put on your coat, 코트를 입어라.		you will catch a cold. 너는 감기에 걸릴 것이다.

⭐ Writing Practice 2   주어진 단어를 이용하여 문장을 완성하세요. 필요하면 단어를 추가하세요.

1. 서둘러라. 그렇지 않으면 기차를 놓칠 것이다.
   (up, you, miss, the train)

   → Hurry ___up, or you will miss the train___.

2. 열심히 공부해라. 그렇지 않으면 시험에 떨어질 것이다.
   (hard, you, fail, the test)

   → Study _____.

3. 음식을 좀 먹어라. 그렇지 않으면 배고플 것이다.
   (some food, you, be, hungry)

   → Eat _____.

4. 일찍 자라. 그렇지 않으면 피곤할 것이다.
   (to bed, early, you, be, tired)

   → Go _____.

5. 열심히 일해라. 그렇지 않으면 성공하지 못할 것이다.
   (hard, you, not succeed)

   → Work _____.

6. 조심해라. 그렇지 않으면 다칠 것이다.
   (careful, you, get, hurt)

   → Be _____.

7. 지하철을 타라. 그렇지 않으면 늦을 것이다.
   (the subway, you, be, late)

   → Take _____.

8. 조용히 해라. 그렇지 않으면 그가 깰 것이다.
   (quiet, he, wake up)

   → Be _____.

9. 열심히 연습해라. 그렇지 않으면 경기에 질 것이다.
   (hard, you, lose, the game)

   → Practice _____.

10. 늦지 마라. 그렇지 않으면 화낼 것이다.
    (be late, I, be, angry)

    → Don't _____.

MEMO

MEMO

진짜 초등 영문법 ②

★★★ ★★
서술형 문제로 개념 잡는
THE GRAMMAR SPY Series

● 초등 필수 영문법을 마스터하고 중학 내신 대비를 동시에
● 서술형 맛보기로 서술형 시험과 수행평가 완벽 대비
● 자기주도적 학습을 위한 친절한 해설

Basic 1 2   Advanced 1 2